Viviendo desde el Espíritu

Aprenda a vivir de la manera
en que fue diseñado

por

Dr. Ron M. Horner

Viviendo desde el Espíritu

Aprenda a vivir de la manera
en que fue diseñado

por

Dr. Ron M. Horner

www.CourtsOfHeaven.Net
PO Box 2167
Albemarle, North Carolina 28002

Viviendo desde el Espíritu

Aprenda a vivir de la manera en que fue diseñado

Copyright © 2021 Dr. Ron M. Horner

Los versículos son tomados de la Reina Valera Revisada 1960 © Sociedades Bíblicas Unidas 1960 (A menos que se indique lo contrario)

Las citas bíblicas marcadas con (TPT) están tomadas de The Passion Translation®. Copyright © 2017 por BroadStreet Publishing® Group, LLC. Utilizado con permiso. Todos los derechos reservados. ThePassionTranslation.com

Las citas bíblicas marcadas con (EL ESPEJO) están tomadas de El Espejo de la Palabra (Spanish Edition)" Mirror Study Bible®. Copyright © 2021 por Francois du Toit. Utilizado con permiso. Todos los derechos reservados.

Todos los derechos reservados. Este libro está protegido por las leyes de derecho de autor de los Estados Unidos de América. No puede ser copiado ni reimpreso para obtener ganancia comercial o beneficios. Se permite y se alienta el uso de citas breves o la copia ocasional de hasta una página para el estudio personal o grupal Se concederá el permiso al realizar una petición.

Cualquier marca registrada o de servicio utilizadas son propiedad de sus dueños respectivos.

Los pedidos de descuentos para la venta al por mayor, los permisos editoriales y el resto de la información, deben dirigirse a:

LifeSpring Publishing
PO Box 2167
Albemarle, NC 28002 USA

Copias adicionales disponibles en
www.courtsofheaven.net

ISBN 13 TP: 978-1-953684-16-5
ISBN 13 eBook: 978-1-953684-20-2

Diseño de Portada por Darian Horner Design
(www.darianhorner.com)
Imagen: 123rf.com # 44054377

Primera Edición: Febrero 2021

10 9 8 7 6 5 4 3 2 1

Impreso en los Estados Unidos de América

Tabla de Contenido

Reconocimientos 1
Prefacio 3
Capítulo 1 Reconozca a su espíritu 13
Capítulo 2 Aprendiendo a vivir con el espíritu al frente 29
Capítulo 3 Entendamos qué es vivir desde el espíritu 37
Capítulo 4 Cómo cooperan los ámbitos de sus esferas 55
Capítulo 5 Cómo vivir desde el espíritu 63
Capítulo 6 Los cielos están abiertos 77
Capítulo 7 Accediendo a los ámbitos celestiales 85
Capítulo 8 Las cuatro claves para oír la voz de Dios 93
Capítulo 9 Las Herramientas del Lenguaje de la Oración ... 101
Capítulo 10 Concediendo Territorios 107
Capítulo 11 Conviértase en un receptor de la revelación 119
Capítulo 12 Epílogo 137
Descripción 147
Acerca del Autor 149
Otros libros escritos por el Dr. Ron M. Horner 151

Reconocimientos

Mientras más experimentamos los ámbitos de Cielo, más más nos sorprendemos de las cosas que el Cielo nos descubre. La riqueza de la revelación es asombrosa. Estamos muy agradecidos a aquellos que el Cielo ha puesto a nuestra disposición para obtener conocimientos que están impactando a todos los que leen y escuchan lo que estamos compartiendo. A quienes apoyan a LifeSpring International Ministries, gracias. A Donna Neeper, gracias. A mi esposa, Adina, y a mi hija, Darian, gracias.

Prefacio

Durante los últimos meses, Donna Neeper (mi asistente ejecutiva) y yo hemos interactuado con el Cielo de forma regular, al intentar comprender mejor las cosas del Cielo. Un tema que evolucionó a principios de 2020 fue aprender a "vivir poniendo al espíritu al frente". Este libro es una recopilación de algunas de los principios que hemos aprendido hasta ahora sobre ese concepto.

En 1 Corintios 14:26, el Apóstol Pablo escribe que al reunirse los creyentes, uno llegaba con alguna enseñanza, otro con una revelación, otro con un salmo y otro con una lengua o interpretación, por lo que debemos entender que recibir revelación y luego impartirla era una práctica común en la iglesia primitiva.

Dado que todos los que están leyendo este libro crecieron en una época en la que fuimos acostumbrados a la revelación compilada que forma la Biblia, se tiende a pensar que la revelación terminó cuando falleció el último escritor, cuyo material se incluyó finalmente en la Biblia canonizada. Sin embargo, la experiencia personal de escuchar la voz del Padre, del Hijo o del Espíritu Santo que nos habla o revela algo a través de un sueño o una visión, sigue ocurriendo. La revelación no ha cesado; simplemente hemos dejado de estar receptivos a ella.

Toda revelación nos forzará a expandir nuestros límites. La revelación revoluciona. La revelación descubrirá las áreas de nuestra vida en las que la tradición religiosa echó raíces. Muchas de nuestras creencias no tienen ninguna base bíblica, sin embargo las defendemos como si vinieran de la boca de Jesús. Muchas veces, ni siquiera nos detuvimos a preguntar si una determinada creencia era verdad o no. Mientras vivimos como creyentes, debemos pedir constantemente al Espíritu Santo que nos revele cuáles son las creencias que aceptamos como ciertas, pero que no están basadas en la verdad.

Si usted lee este libro desde la esfera de su alma y lo lee como una tarea intelectual, lo dejará rápidamente y lo denunciará. Sin embargo, si está hambriento de una relación más íntima con el Padre, entonces tome la decisión decirle a su alma que se aquiete y hable a su espíritu para que se active e invite al Espíritu Santo, que es nuestro maestro y el que nos guiará a toda la verdad. Deje que sea Él quien clasifique y critique en lugar de su intelecto. Si hace estas cosas, este libro le beneficiará. Su intelecto está descalificado para juzgar las cosas espirituales, porque ha sido entrenado por medio del Árbol del Conocimiento del Bien y del Mal, el cual coloca al intelecto muy por encima del espíritu, y nunca fue diseñado para decidir asuntos espirituales. Eso está fuera de su diseño creado.

Debemos entender que somos primero y sobre todo, seres espirituales. Tenemos un alma, y tanto el alma como el espíritu residen en los trajes terrestres que llamamos cuerpo. El propósito de su alma es el de trasladar a su cuerpo lo que su espíritu está percibiendo

y ayudarle a relacionarse con el mundo tridimensional en el que vivimos. En Colosenses 3:1-4 se nos instruye a vivir desde nuestro espíritu, en oposición a vivir desde nuestra esfera del alma. Permita que el Espíritu Santo testifique a su espíritu lo que es verdad. Veamos esos versículos:

*"¡Ustedes están de hecho resucitados con Cristo! Ahora mediten, con persuasión, la consecuencia de su inclusión en Él. ¡**Sitúense mentalmente!** ¡Conecten sus pensamientos con las realidades de la habitación del trono donde están sentados con Cristo, en autoridad ejecutiva, a la diestra de Dios! ²**Llegando a conocer íntimamente los pensamientos de la habitación del trono, evitará que se distraigan otra vez con lo terrenal** [dirigidos por el alma] ³Vuestra*

unión con su muerte quebró la asociación con aquel mundo; ¡véanse a sí mismos establecidos en una fortaleza donde vuestra vida está escondida con Cristo en Dios! ⁴La vida exacta que exhibió Cristo se repite en nosotros. Estamos siendo revelados en la misma bendición; ¡estamos unidos a él, tal como su vida los revela a ustedes, vuestra vida lo revela a él!¹ (El ESPEJO) (Énfasis mío)

Conozco a alguien que a menudo expresa la idea de que, si un concepto es desconocido para él, no puede ser cierto. No sé cómo llegó a este punto de vista, ni puedo entenderlo, ya que existen muchas cosas en este reino terrenal que desconocemos. Eso no significa que no existan. Lo mismo ocurre con la esfera del alma, y aún más con la esfera del espíritu. El hecho de que nunca haya oído hablar de algo antes no significa que no sea cierto. Puede que simplemente hasta esta fecha, estuviera fuera de su paradigma.

A medida que avancen en la lectura de este libro, comprendan que tanto Donna como yo nos sentimos retados en muchas ocasiones por todo lo que estábamos aprendiendo. Sin duda, ustedes también se sentirán retados, pero esto dará testimonio a su espíritu como una verdad. Estamos eternamente agradecidos al Cielo por las lecciones que aprendimos. He descubierto que cuanto

---

[1] du Toit, Francois. *El Espejo de la Palabra (Spanish Edition) Mirror Study Bible* (p. 751). Kindle Edition.

más aprendo, menos sé en realidad. El Cielo tiene mucho más que enseñarnos.

¿Cómo será el Cielo?

Contrariamente a la creencia popular, no iremos al Cielo sólo para estar adorando y tocando arpas todo el tiempo. El Cielo es mucho más que esa insignificante mentalidad. ¿Vamos a adorar? Sí. ¿Lo haremos continuamente? Lo dudo (por lo menos con nuestra forma de pensar actual) ya que el Cielo es otro marco de existencia. El cielo es mucho más de lo que nos han hecho creer. Explore estas revelaciones con nosotros. Pueden ser las respuestas a algunas interrogantes, así como llevarle a una comprensión más enriquecedora del amor de nuestro Padre por nosotros, y de la infinita provisión disponible para nosotros como Sus hijos.

En este libro, compartiremos nuestros encuentros con ángeles, hombres y mujeres de lino blanco, el Espíritu Santo y otros. Los encuentros de este tipo no son infrecuentes, ya que son visibles a lo largo de la Biblia. Sin embargo, la religión nos ha enseñado que "tengamos cuidado", y la religión tiene razón. Debemos tener cuidado con la religión, porque mantiene el Cielo lejos, muy lejos, e inaccesible hasta el final de la vida. También debemos tener cuidado con las doctrinas de demonios que nos dicen que estas son cosas del pasado y que no las debemos perseguir. En realidad, el cielo está tan cerca como su mano y tiene mucho que enseñarnos sobre este reino terrenal. Seamos aprendices diligentes. Aquí discutiremos las pruebas bíblicas sobre algunos aspectos de este tema, así que permita que su curiosidad le mantenga ocupado durante todo el libro.

Tal vez sea necesario que se tome un momento para buscar en su corazón cualquier sistema de creencias que haga surgir en usted un escepticismo inmediato. La religión tiene limitaciones. Algunas de ellas están construidas en torno a la mentalidad de que si la religión organizada no le enseñó, entonces debe rechazarla automáticamente. Por otro lado, le dice que debe tener cuidado, o puede ser engañado. Podemos ser engañados en nuestros esfuerzos por no ser engañados. Algunos citarán el ejemplo de Joseph Smith y cómo recibió una falsa revelación del ángel caído Moroni. Joseph Smith y su hermano Hiram eran masones activos y ya se habían abierto puertas para ser receptores de la luz falsa. Joseph Smith y su hermano estaban predispuestos al engaño debido a sus pactos con la Masonería. Si usted encuentra que ha hecho pactos con las tinieblas o tiene un sistema de creencias que juzga antes de cualquier investigación, arrepiéntase ante el Señor, y pida al Padre que abra su corazón a lo que Él quiere que aprenda. El Cielo quiere revelarse ante usted.

Entendiendo los velos

El entendimiento de los velos es útil para vivir desde el espíritu. Lydia, una mujer vestida de lino blanco, dio esta instrucción: "La acción de atravesar las entre las dos partes rasgadas del velo (que se rasgó durante la crucifixión de Jesús) es la acción del Reino en donde Jesús abrió el acceso al Cielo. Le corresponde a los hijos e hijas de Dios, como lo fue para los sacerdotes que sólo podían entrar una vez al año. Ahora todos pueden ir, pero debemos ser intencionales en traspasarlo y participar de lo hay más allá del velo. Puede imaginarse pasando entre los dos trozos de tela rasgada para entrar al Cielo, pero también hay otras formas aceptar la invitación al lugar que se nos ha abierto".

Donna tuvo un sueño en donde atravesaba un almacén lleno de alfombras, como si éstas estuvieran colgando del techo hasta el suelo y tuviera que moverse a través de ellas. "Caminaba por un almacén y me encontraba con una alfombra gruesa y pesada, y tenía que empujarla para apartarla, o tenía que tirar de ella y hacerla a un lado para poder pasar", describió. "En este almacén tuve que hacer el esfuerzo un par de veces y cada velo sucesivo que atravesaba (en el sueño las alfombras eran velos) se hacía progresivamente más fácil. Empecé a notar que las alfombras eran cada vez más finas y ligeras. Podía ver a través de ellas y cuando atravesaba una tras otra, a medida que avanzaba, Jesús se reunía conmigo, y levantaba el último velo por mí, y yo simplemente lo atravesaba. Simplemente no pude hacerlo por mi cuenta".

Le pedimos a Lydia una aclaración y nos contestó: "La discusión de los velos permite a sus lectores comprender que el Reino de Dios está velado. Jesús abrió el camino, pero el camino para su encuentro es atravesar el velo".

Donna recordó otro sueño en el que veía un velo como si fuera una tela muy fina. No era una tela como la que pensamos: era como el hilo de una tela de araña, increíblemente fino y entretejido. Explicó: "Llegaba tan alto como podía ver y bajaba hasta el suelo, a la tierra. Era como una pantalla hecha de este hilo, y estaba electrificada porque cuando, en el sueño, ponía la mano en la pantalla, ésta vibraba y cambiaba de color. Pasaba por diferentes colores del arco iris en una especie de patrón. Mientras lo miraba, podía ver que cuando ponía mi mano y sentía el velo o la pantalla, en lugar de ver la pantalla, podía ver a través de ella todo lo que había al otro lado. En ese sueño, esa fue una representación del Reino de Dios para mí".

Lydia continuó: "Ayuden a las personas a entender que vivir desde el espíritu es vivir al otro lado del velo. Este reino está de un lado del velo y luego está el más allá del velo. Están invitados a atravesar e ir más allá del velo. Tú lo puedes atravesar con tu espíritu, pero tu cuerpo no lo puede hacer, y tu alma a menudo no tampoco. Esta descripción de los velos será muy útil, y ayudará a los lectores entrar en los ámbitos del Cielo."

El valor del alma

Dentro de las páginas de este libro, quiero que se entienda que no trato de transmitir que el alma es de ninguna manera no redimible o no digna de ser amada. Es importante amar el alma. Al transmitir el concepto de una vida enfocada en el espíritu, no estamos disminuyendo el valor del alma. Jesús ama a todas las almas.

En este libro abordamos primordialmente el concepto de vivir dando prioridad a nuestro espíritu, y cómo aumentar la conciencia reino espiritual, para vivir conectados al Reino de Dios, y de esa manera, saber de qué espíritu somos. Es importante saber que nuestro espíritu está alineado y es uno con el Espíritu del Señor y que nuestro espíritu es un portador del Espíritu Santo. Esto es importante y ayuda a nuestro discernimiento.

Nuestra alma es el amor de Dios y un lugar de ricos tesoros. Es de gran valor en el Cielo. Una cosa es hablar del alma como un objeto, y otra, hablar de la operación del alma, cuando ésta es altamente valorada como un contenedor valioso con la habilidad de lograr muchísimo en el ámbito físico. Ahora bien, si el alma opera con mayor incidencia que el espíritu, ésta se convierte en un obstáculo para la persona que desea reclamar su hogar en los lugares celestiales.

Conforme lea este libro titulado *Vivir desde el Espíritu*, usted estará habilitado para recibir toda la revelación que el Cielo le quiere dar.

> *Oro para que usted sea bendecido con un corazón entendido y con la voluntad de explorar el Cielo por su cuenta. Que sea bendecido con el coraje y la audacia necesarios para la búsqueda intensa del Cielo, cualquiera que sea el costo personal. Que sea bendecido con la revelación en muchos niveles. Que se le conceda la claridad de todo*

aquello que ha sido incomprendido durante mucho tiempo. Que esté dispuesto a involucrarse con el Cielo de maneras novedosas.

Capítulo 1
Reconozca a su espíritu

Nuestro espíritu (u hombre spiritual) ha existido desde la creación del Padre, mucho antes de que fuera creada la tierra. Al momento de su concepción, su espíritu fue injertado en su cuerpo (aún en su pequeñísimo tamaño) en ese preciso momento, y ha estado con usted desde entonces.

Su alma, la parte de su ser que contiene la mente, la voluntad, las emociones y los recuerdos no fue activada desde ese momento. Fue activada al momento de nacer, así que su espíritu le lleva la ventaja de aproximadamente nueve meses a su alma.

Sin embargo, debido a que algunos de nosotros ni siquiera nos dimos cuenta de que estábamos formados con un espíritu, que contiene un alma, que vive dentro de un cuerpo, nunca supimos cómo activarlo ni cómo vivir dando prioridad al espíritu en lugar de dársela a nuestra alma. Nos han enseñado mal en esos temas, pero espero que este libro le dé más comprensión.

La psicología moderna tampoco ha sido de ayuda. No reconoce al espíritu como parte de la persona, así que los esfuerzos de los psicólogos por entender cómo estamos hechos y querer restaurarnos cuando estamos quebrantados se quedan cortos, porque les falta la parte más importante de la ecuación: nuestro espíritu.

A lo largo de este libro, hablaré más sobre nuestro espíritu, cómo funciona y cómo está diseñado, así que no me repetiré aquí. Sólo hay que entender que se ha embarcado en un viaje que cambiará su vida al poner en práctica los principios que se enseñan en este libro.

A muchos de nosotros nos enseñaron que si no podíamos entender algo intelectualmente, entonces eso no era válido, lo cual es un concepto equivocado. Independientemente de que su familia, su escuela, su iglesia, sus amigos, o incluso su sociedad o gobierno le digan que siempre debe razonar las cosas y hacer que esas cosas encajen en pequeñas cajas bonitas, nuestra experiencia personal nos dice lo contrario. Todos hemos tenido experiencias que no podemos explicar, pero eso no significa que esas experiencias no nos hayan sucedido. Puede que no entienda cómo funciona la electricidad, pero eso no significa que no la utilice para encender las luces de mi casa.

Los primeros problemas

Este problema comenzó en el Jardín del Edén cuando Eva fue tentada a comer del Árbol del Conocimiento del

Bien y del Mal en lugar de vivir en relación con Dios, el Creador. Ella y Adán habían estado viviendo fuera de esa relación donde caminaban y hablaban con Dios en la frescura del día. Satanás llegó y la sedujo con verdades parciales (que no son verdades en absoluto) y con razonamientos de que Dios le estaba ocultando algo. Bueno, eso es cierto. Él estaba tratando de evitar que Adán y Eva experimentaran problemas innecesarios en sus vidas, problemas que se desencadenaron tan pronto como ella tomó el primer bocado y lo tragó.

Como resultado de las acciones de Adán y Eva en el jardín, la relación y cercanía con el Padre se rompió. Adán y Eva comenzaron a vivir fuera de su diseño original. Comenzaron a vivir desde su alma. Llegaron a conocer la desnudez y la vergüenza, y no sólo la desnudez o vergüenza física, sino también la espiritual.

Tras su expulsión del Jardín del Edén, conocieron el dolor de la muerte, ya que Caín mató a su hermano gemelo Abel. Caín llegó a experimentar el destierro como resultado de sus celos incontrolados. La humanidad llegó a conocer el miedo, junto con muchos otros males, como resultado del pecado de Adán y Eva. Todas esto fue el resultado de vivir desde el alma y no desde el espíritu.

A pesar de que hemos vivido desde nuestra alma y desde nuestros razonamientos mentales, todavía no somos felices ni estamos satisfechos. Nunca fuimos diseñados para vivir sólo desde nuestra esfera del alma. Somos ante todo seres espirituales ubicados en el planeta Tierra. Nuestra alma fue diseñada para ayudar a nuestros cuerpos a adaptarse y vivir en el mundo físico. Nuestro espíritu está diseñado para interactuar con el Cielo y luego instruir a nuestra alma con lo que ha obtenido del Cielo para que todo nuestro ser —espíritu, alma y cuerpo— sea ayudado por lo que fue aprendido por nuestro espíritu.

Temores ancestrales

Seguimos luchando contra el temor miles de años después. Nos enfrentamos a diario a situaciones en las que podemos sucumbir al miedo, o podemos superarlo. Uno de esos miedos se produce cuando nos enfrentamos a algo nuevo: nos pasa a nosotros y les pasó a nuestros antepasados. En muchos casos, los miedos de nuestros antepasados se nos han transmitido a través de nuestro ADN y nos encontramos con el miedo a una situación cuando no existe ninguna razón racional para ese miedo. Cuando vivimos desde nuestra esfera del alma, a menudo nos enfrentaremos al temor. Nuestro adversario, el diablo, nos presentará oportunidades para vivir y responder por miedo a algo. La buena noticia es que, como creyentes, podemos vivir libres del miedo, pero eso requiere que vivamos desde nuestro espíritu y no desde nuestra alma. Si reconocemos que estamos viviendo nuestras vidas a partir de los miedos heredados de nuestros antepasados, tenemos que hacer una pausa y arrepentirnos de ello.

Padre, reconozco que he estado viviendo bajo los miedos de mis antepasados. Me han enseñado a temer lo sobrenatural. Me han enseñado a temer las cosas del espíritu y de los ámbitos espirituales. Esos miedos han dominado mi obediencia a Ti y a Tu Palabra. Me arrepiento en nombre de los temores de mis ancestros, los perdono, los bendigo y los libero y pido ser liberado de las ataduras que estos temores trajeron a mi vida también. Me arrepiento de mi propio miedo y te pido perdón. Abre mi corazón para escuchar de Ti y del Cielo. Te pido estas cosas en el Nombre de Jesús.

Por supuesto, algunos de nosotros tenemos nuestro propio conjunto de miedos que se desarrollaron en nuestras vidas sin ayuda externa. Si el Espíritu Santo se los revela, simplemente arrepiéntanse de haber estado de acuerdo con el temor, solicite la sanidad del trauma del evento que lo provocó y reciba la paz que sólo el Cielo puede traer.

Cada parte de nosotros es una esfera. Nuestro espíritu es una esfera, nuestra alma es una esfera y nuestro cuerpo es una esfera. A menudo me referiré a ellas como nuestras esferas o ámbitos internos. Estas esferas están diseñadas para interactuar y complementarse entre sí.

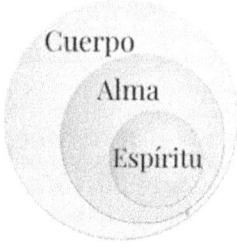

El Apóstol Pablo nos instruyó para que viviéramos desde nuestro espíritu e indicó que si lo hacíamos, nuestro caminar sería ordenado asimismo por el Espíritu Santo (Gálatas 5:25). En Gálatas 5:16, nos hizo saber que si elegimos caminar desde nuestro espíritu (en oposición a nuestra alma o carne) no cumpliríamos los deseos de nuestra alma o carne.

Vivir desde nuestro espíritu es algo muy superior que vivir desde nuestra alma.

Cuando elegimos vivir desde nuestro espíritu, que es la parte de nosotros que está más en contacto con el Cielo, podremos empezar a experimentar el Cielo en nuestras propias vidas. Hemos estado pidiendo esto la mayor parte de nuestras vidas al orar la Oración del Señor.

Vénganos tu Reino. Hágase tu voluntad así en la tierra como en el cielo. (Mateo 6:10)

Cuando oramos esto, estamos invitando a que todos los atributos del Cielo se manifiesten (se hagan realidad) en la tierra. Estamos invitando a que la bondad que hay en el Cielo venga a la tierra. Invitamos a que la paz que hay en el Cielo venga a la tierra. El gozo, la esperanza, la sanidad, la provisión— todas estas cosas que son parte del Cielo, las estamos invitando a venir y ser residentes en la tierra. Cuanto más enfocados estemos en las cosas del reino espiritual, más sintonizados estaremos cuando todo esto se manifieste en la tierra y seremos más efectivos al introducirlas en la tierra.

También debemos recordar que, a menudo, las emociones, el intelecto y los recuerdos de nuestra alma están detrás de los velos. A veces estos velos se deben al temor o al trauma. Debemos limpiar y eliminar estos velos para poder entrar en el Cielo y para que nuestra alma sea libre de escuchar a nuestro espíritu y trabajar en conjunto con él. Estos velos, a veces llamados "interruptores emocionales", se alojan en el alma y causan una distorsión de la misma.

El mundo hispanohablante

Cuando escribíamos este libro, el Cielo nos dio algunas perspectivas relacionadas con nuestra maravillosa audiencia de habla hispana. Tratamos de capturar estos pensamientos para poder compartir con ustedes cómo el Cielo quiere que toda atadura sea removida del mundo de habla hispana.

Esto es lo el Cielo compartió:

"A menudo, los hispanohablantes se emocionan ferozmente, pero hay un anzuelo que les impide vivir guiados desde su espíritu. Su espíritu permanece en una posición secundaria detrás de su alma. La emoción que se utiliza contra esta población es el miedo a moverse en lo sobrenatural debido a una mayor conciencia de la amenaza de los seres malignos. No es que las poblaciones hispanas no crean en lo sobrenatural, ¡sí creen! Pero este miedo lo llevan en la sangre y creen en la parte negativa de lo sobrenatural. Creen más en la parte demoníaca que en la angelical. Se enfrentan a los demonios pero se abstienen de enfrentarse a los ángeles. Creen en los espíritus en la tierra y de la tierra, y literalmente creen estar bajo los poderes de los principados del aire que los mantienen cautivos y evitan que su espíritu se mueva con libertad.

Si un ser maligno logra que le tenga miedo, tendrá la habilidad para tener domino sobre usted.

"Por eso es tan importante el libro *Sea libre del mitraísmo*[2] Anular los falsos veredictos del mitraísmo ayudará en gran medida a la población hispana y les quitará el miedo. Ese miedo suele estar alojado en su ADN y en su sangre, haciendo que piensen en términos de miedo y sumisión. Hace que se piense como un esclavo del poder del aire y que se pierda la esperanza de que la libertad se pueda alcanzar alguna vez.

---

[2] *Sea libre del mitraísmo* por Dr. Ron M. Horner (LifeSpring Publishing) 2020.

Necesitan entender que esto está en su línea de sangre generacional, lo que hace que el alma sienta la emoción de esa creencia y provoca el miedo: el miedo a comprometerse con lo angelical y la luz del Cielo debido a las creencias largamente sostenidas y a las emociones que los mantienen cautivos.

"Debido a que está en la línea sanguínea, esencialmente nacen con estos temores transmitidos por sus antepasados. Sin embargo, pueden ser liberados de estos miedos que han sido transmitidos. El Cielo puede sanar su ADN, que ha sido dañado por estos temores y traumas, para vivir libres de ellos.

"Una de las cosas hermosas de los hispanohablantes es que cuando operan desde la luz del Cielo, cambian su forma de vida dramáticamente. Realmente lo hacen: ya no viven bajo los dictados del miedo, hacen los ajustes necesarios, y son libres de disfrutar operando en lo sobrenatural con excelencia, una vez que el miedo ha desaparecido o se han liberado de él".

Ascendencia de esclavos

Otra dificultad en gran parte del mundo de habla hispana —en particular en América Central y del Sur— son las reclamaciones de propiedad coloniales sobre muchos de ellos, las de los pueblos nativos especialmente, aunque estas reclamaciones pueden ser sobre todos los miembros de la población. Donde sus ancestros pudieron ser considerados propiedad de los poderes coloniales en el pasado, para algunas personas, estos reclamos de propiedad nunca fueron resueltos en las Cortes del Cielo.

Al igual que en Estados Unidos, donde los que tienen ascendencia esclava todavía se sienten como si fueran esclavos, la razón es que en la arena del mundo espiritual, las reclamaciones legítimas de propiedad todavía están activas. Cuando el presidente Abraham Lincoln emitió la Proclamación de Emancipación el 1 de enero de 1863, prohibió la práctica de la compra o venta de esclavos o la posesión de esclavos a partir de ese momento. Sin embargo, cualquier esclavo comprado antes de ese momento (y no liberado de otra manera) fue comprado legalmente de acuerdo con las leyes del país. Por lo tanto, el contrato de compraventa seguía estando legalmente en vigor incluso con la Proclamación de Emancipación. Este aspecto nunca se resolvió en la mayoría de los casos en Estados Unidos. En Gran Bretaña, el Parlamento prohibió la esclavitud y pagó manumisiones a los antiguos propietarios, lo que liberó las facturas de venta de los esclavos que habían comprado. Sin embargo, con pocas excepciones, eso no ocurrió en Estados Unidos. La razón por la que usted puede estar todavía bajo el sentimiento de esclavitud es que usted es un heredero legal de algún pacto, acuerdo o factura de venta con la que sus antepasados estaban enredados, y por lo tanto, Satanás lo hace responsable debido a que las facturas de venta todavía siguen pendientes. Deben ser resueltas.

Para aquellos con ascendencia esclava, a menudo batallan con el mismo tipo de cosas. A los esclavos no se les permitía tener propiedades, no se les permitía obtener una educación, no se les permitía tener un negocio, una casa, ni siquiera una mula para cultivar. Nada de su trabajo les beneficiaba. Cuando trabajo con personas con esta historia ancestral, suelo escuchar las mismas historias:

- Se sienten trabados en su trabajo o su carrera,
- No pueden ser propietarios de una casa,
- No pueden tener un negocio exitoso,
- No pueden obtener una buena educación,
- Nunca pueden ser libres financieramente.

Si usted tiene ascendencia esclava, querrá seguir el mismo tipo de procedimiento que se indica a continuación para obtener su libertad y conseguir que esa factura de compraventa[3] sea absuelta en su vida y en sus generaciones. Simplemente modifique el siguiente procedimiento para adaptarlo a su situación.

Liberarse de estas reclamaciones es sencillo. Acceda a la Corte de Títulos y Escrituras y solicite que todo reclamo de propiedad que no provenga del Señor de los Ejércitos sea disuelto, ya que lo afecta a usted, a su familia y a su línea generacional. Arrepiéntase de cualquier maldición que sus ancestros hayan puesto

---

[3] Es probable que tenga múltiples facturas de venta debido a las líneas materna y paterna y, a veces, a las múltiples propiedades de un mismo antepasado esclavo.

sobre aquellos que reclaman la propiedad, perdóneles por su pecado, bendígalos, y libérelos de cualquier deuda espiritual. A veces, la reclamación de propiedad proviene de la Iglesia Católica, que ha tenido poder sobre el mundo hispanohablante durante siglos. Otras veces, estos reclamos de propiedad provienen de un gobierno, especialmente si ese gobierno era de naturaleza comunista o socialista.

Estas reclamaciones de propiedad se manifiestan como embargos sobre su crecimiento. En el reino espiritual, se imponen límites a la riqueza del individuo. Se establece un techo sobre su poder de ganancia, por lo que están continuamente esclavizados a aquel o aquellos que reclaman la propiedad. El Salmo 24:1 declara que la tierra es del Señor y su plenitud. Él es el propietario final, no la Iglesia Católica ni ninguna otra persona o entidad. En los últimos años, estas reclamaciones de propiedad pueden ser el resultado de quienes asisten a uno a cruzar las fronteras nacionales hacia otro país. Los honorarios cobrados para proporcionar el paso al nuevo país pueden haber sido exorbitantes o pueden haber requerido servidumbre[4] como forma de pago. Una vez más, el Señor mismo es su propietario final, no un hombre o un grupo.

Hay quienes han experimentado (o están bajo la influencia de) dedicaciones a la tierra o a la falsa deidad

---

[4] Un contrato entre partes para suministrar pasaje a otro país. A cambio, el receptor trabajaría para pagar la deuda.

Madre Tierra, o algo similar. De nuevo, es una falsa reclamación de propiedad que debe ser disuelta y marcada como satisfecha por la Sangre de Jesús. A medida que el Cuerpo de Cristo se arrepienta y la población sea redimida de estos reclamos, la gente obtendrá la libertad.

Ascendencia azteca, inca o maya

Otra área que necesita arrepentimiento tiene que ver con los juramentos, los sacrificios y dedicaciones hechas a los dioses aztecas, incas o mayas. Las transacciones impías realizadas por los antepasados han dado lugar a tributos sobre las generaciones que les suceden. Es necesario arrepentirse de las transacciones impías, de las dedicaciones de ellos mismos o de sus hijos o animales, de los sacrificios de sus hijos o animales (o de cualquier otro tipo de sacrificios). Luego, en la Corte de Cancelaciones, solicite la cancelación de cada maldición, juramento, dedicación y falso comercio con el que sus ancestros o usted se hayan comprometido. Arrepiéntase de su participación y sumisión a estos falsos dioses y reciba la sanidad en todo nivel por el daño provocado por estas formas de adoración profana.

A menudo los sacrificios de niños o animales eran parte de los rituales a estos dioses paganos. Una persona puede hacer una transacción con el dios pagano a cambio de poder, prominencia, dinero, etc. El dios pagano, normalmente a través de un chamán, exigía el sacrificio periódico de un niño como parte del trueque.

La persona que hace la transacción espera que sólo necesite hacer un sacrificio, sin embargo Satanás suele tener expectativas perpetuas. El espera un pago (una forma de impuesto) cada tantos años a través de las generaciones. Esto se ve a menudo cuando el primogénito muere prematuramente a lo largo de varias generaciones. Esa es una señal típica de un pacto de este tipo.

Arrepentimiento por la tendencia a la rebeldía

También se necesita arrepentimiento por la rebeldía heredada de naturaleza ancestral, por su libre albedrío, incluso hasta la Torre de Babel, que creó una tendencia rebelde en su línea generacional.

No es que los pueblos de habla hispana carezcan de fe en lo sobrenatural. Es que a menudo, su fe se orienta al lado equivocado de lo sobrenatural y al poder de los que están engañados.

La imposición de tradiciones religiosas

Otra área de arrepentimiento es por el hecho de forzar a las generaciones más jóvenes a cumplir con las tradiciones religiosas por miedo a que, si no lo hacen, no les irá bien. Esto ha reprimido a que el Espíritu de Dios fluya en las generaciones más jóvenes de las naciones de habla hispana. Esto se debe a la obstinación de los padres y abuelos que ponen limitaciones a las generaciones más jóvenes al fluir del Espíritu de Dios, por el miedo de que, si esto ocurriera, recibirían retribución de los poderes malignos. Mientras que este miedo está basado en una cierta realidad debido a los acuerdos de con sus creencias, el arrepentimiento es por forzar a las generaciones más jóvenes a cumplir con las tradiciones religiosas que no significan nada para ellos más que el deber religioso. La imposición de estas tradiciones religiosas a sus generaciones requiere arrepentimiento, debido a las ataduras que se impusieron por parte de las generaciones mayores que se negaron a permitir el cambio y el mover del Espíritu de Dios dentro de su nación. Prefirieron apoyarse en su propio entendimiento, y se mantuvieron fieles a las ataduras religiosas. Por lo tanto, jugaron un importante papel en la captura de sus futuras generaciones por esas mismas entidades.

Muchos anhelan ver a sus futuras generaciones libres de esto, es algo que está muy arraigado y no han sabido cómo liberarse. Gritan en nombre de la generación más joven, pero no han sabido cuál es su papel para liberar a esa generación.

Capítulo 2
Aprendiendo a vivir
con el espíritu al frente

Un reto que enfrentamos debido a la forma en que aprendimos a vivir la vida cristiana es que todo se pospone hasta algún momento en el futuro. Luego, cuando leemos las cartas de Pablo, nos sentimos desconectados. El cielo para nosotros ha sido un destino, no un recurso. No hemos sabido cómo aprender a vivir desde nuestro espíritu, pues sólo aprendimos lo que hemos estado haciendo toda nuestra vida desde que nacimos, y ha sido vivir para satisfacer nuestra alma o nuestra carne. Necesitamos urgentemente aprender una forma alternativa de vivir.

Cambie su forma de vivir

Pablo registró estas palabras en su carta a los romanos:

Porque los que son de la carne piensan en las cosas de la carne; pero los que son del Espíritu, en las cosas del Espíritu. (Romanos 8:5)

Debemos aprender a vivir con el espíritu en primer lugar. Debemos cambiar nuestra forma de vivir y aprender a vivir desde nuestro espíritu. Debemos comprender la jerarquía que hay dentro de nosotros:

- Somos un espíritu.
- Poseemos un alma.
- Vivimos en un cuerpo.

Cada componente tiene un propósito específico en nuestra vida. Nuestro espíritu es la conexión con el reino sobrenatural y está diseñado para interactuar con el Cielo y el ámbito del Reino. Su espíritu ha existido dentro de su cuerpo desde su concepción. Su alma tiene un propósito diferente. Comunica a su intelecto y a su cuerpo físico lo que su espíritu ha obtenido del Cielo. Es la conexión con su cuerpo. Su cuerpo alberga los dos componentes y seguirá los comandos de cualquier componente que esté dominando.

A la mayoría de nosotros nunca se nos ha enseñado a que nuestro espíritu sea el predominante. Más bien, hemos asumido simplemente que el modo de operación requerido es que nuestra alma sea la predominante.

Nuestra alma siempre quiere estar al mando. Nuestra alma es susceptible a los deseos, lujurias y comportamientos carnales. A veces, se resistirá a nuestro espíritu y cuerpo. Hay que hacer que se someta a su espíritu por un acto voluntario.

Su voluntad es el medio que instruye a cualquiera de los componentes (espíritu, alma o cuerpo) sobre lo que debe hacer. Su alma tiene una voluntad y también su espíritu. ¡Usted elige quién predomina!

Por otro lado, su cuerpo tiene apetitos que lo controlarán en sujeción a su alma. Se convierten en socios en el crimen: ¿recuerda ese segundo trozo de pastel de chocolate que quería? Su cuerpo intentará, junto con su alma, dictar su comportamiento. Es probable que se resista al dominio del espíritu sobre su vida. Sin embargo, obedecerá la dirección de su espíritu si se le ordena que lo haga, y su cuerpo puede asistir a su espíritu si se le entrena para hacerlo.

La expresión típica que opera en la vida de la mayoría de las personas es que su alma es lo primero, el cuerpo lo segundo, y su espíritu está en algún lugar distante en el último lugar.

En algunas personas, especialmente las que son muy conscientes de su estado físico o de su apariencia física, hay una alineación diferente. Su cuerpo es su prioridad, el alma en segundo lugar, y nuevamente su espíritu es la prioridad más baja.

El deseo del Cielo para nosotros es muy diferente. El Cielo desea que vivamos primero con el espíritu, segundo con el alma y tercero con el cuerpo. Ya que somos seres espirituales, este es el esquema óptimo. Para la mayoría de nosotros, nuestro espíritu no fue activado en nuestra vida de ninguna manera hasta que nacimos de nuevo.

Si, después de nuestra experiencia de salvación, empezamos a profundizar en nuestra relación con el Padre, entonces llegamos a ser mucho más conscientes de nuestro espíritu y a aprender a vivir más conscientes del espíritu. El apóstol Pablo escribió en sus diversas epístolas sobre vivir en el espíritu o caminar en el espíritu. Debido a que somos seres espirituales, nuestro espíritu clama por una relación más profunda con el Padre. Nuestro espíritu lo anhela y tratará de dirigirnos en esa dirección.

Nuestra alma tiene ciertas características que explican su comportamiento. Esta es la más breve de las listas, pero creo que entenderá la idea. Nuestra alma es egoísta. Quiere lo que quiere cuando lo quiere. Puede ser muy malhumorada. Puede actuar como un niño pequeño, que se ofende y a menudo busca oportunidades para ofenderse. Nuestra alma también es descortés.

Nuestro cuerpo tiene características diferentes. Es desconsiderado, exigente, perezoso y egoísta. En muchas personas no quiere salir de la cama por la mañana. En otras, quiere que le den de comer cosas que no son beneficiosas.

Sin embargo, las características de nuestro espíritu son completamente diferentes. Si vivimos desde nuestro espíritu, descubriremos que somos amorosos y propensos a ser amables. Deseamos la paz. Somos considerados. Estamos mucho más contentos cuando vivimos desde nuestro espíritu. Además, la alegría tendrá a menudo una gran manifestación en nuestras vidas.

A veces hemos experimentado traumas que crean una situación en la que nuestra alma no confía en nuestro espíritu. El alma culpa al espíritu por no protegerla. La ironía es que típicamente, nuestra alma nunca le dio lugar al espíritu para que pudiera protegernos. El alma culpa falsamente al espíritu y debe ser forzada a perdonar al espíritu. Entonces el alma debe ceder el control al espíritu. Una vez que el alma perdona al espíritu, los dos componentes pueden empezar a trabajar en armonía.

Si le mostrara la imagen de unas deliciosas rosquillas recién horneadas, ¿qué pasaría? Para muchos, su cuerpo anunciaría el antojo de una. ¿Y si, en cambio, les mostrara la imagen de un plato de brócoli? ¿Cuántas personas se entusiasmarían con eso? Probablemente no manifestarían tanta ilusión por un plato de brócoli. ¿Qué prefiere su cuerpo, las rosquillas o el brócoli? Para el alma indómita, es probable que las rosquillas siempre ganen. ¿Qué prefiere la mayoría de los niños?

En cualquier caso, puede entrenarse para optar por la opción más saludable. Un principio al respecto que escuché hace años se resume así:

Lo que alimenta vivirá —
lo que no alimente morirá

¿Qué queremos que predomine: nuestro espíritu, nuestra alma o nuestro cuerpo? La parte que alimentamos es la que predominará.

Hay quienes alimentan su alma y viven según la lógica de su mente. Todo debe ser racionalizado en su mente antes de aceptarlo. Sin embargo, debido a que nuestra alma obtiene su entendimiento del Árbol del Conocimiento del Bien y del Mal, siempre tendrá entendimientos defectuosos y limitados.

¿Cómo cambiamos este patrón dominante del alma o del cuerpo? Instruimos a nuestra alma para que retroceda y activamos a nuestro espíritu tomar su lugar. Algunas personas puede que necesiten levantarse físicamente y hablarle a su alma y decir: "Alma, retrocede", y mientras dicen esas palabras, dar un paso físico hacia atrás. Luego, hablen a su espíritu en voz alta y digan: "Espíritu, actívate". Mientras dice esas palabras, de un paso físico hacia adelante. Este acto profético ayuda a provocar un cambio dentro de ellos.

¡Vive desde el espíritu primero!

Beneficios de vivir desde el espíritu primero

¿Por qué querría vivir primero desde el espíritu? Permítame presentarle varias razones. Vivir primero desde el espíritu creará en usted una mayor conciencia del Cielo y de los ámbitos del Cielo. Creará una comprensión más profunda de la presencia del Espíritu Santo, y de los ángeles y de los hombres y mujeres vestidos de lino blanco. Podrá escuchar mejor la voz del Cielo. Experimentará una mayor creatividad, productividad, esperanza y paz. Será más consciente de las necesidades de las personas que puede satisfacer.

Al vivir primero desde el espíritu, podrá acceder a las riquezas del Cielo en su vida. Las cosas insignificantes que antes le molestaban se disiparán en importancia o impacto en su vida. Podrá seguir adelante, sin preocuparse por las cosas insignificantes, mundanas o improductivas que han afectado su vida antes de comenzar a vivir primero desde el espíritu.

Esta forma de vida es más que un cambio de juego—para el creyente, es la única forma de vivir. Enfrentará desafíos mientras construye su negocio o vive su vida desde el Cielo hacia abajo, pero podrá acceder más fácilmente a las soluciones del Cielo mientras viva con una conciencia de la riqueza del Cielo y de todo lo que está disponible para usted como hijo o hija del Señor Altísimo. Le animo, no viva controlado por su alma. *¡Viva desde el espíritu primero!*

Capítulo 3
Entendamos qué es vivir desde el espíritu

Durante los últimos años el enfoque de nuestro ministerio ha sido enseñar a las personas cómo entender y proceder con éxito en las Cortes del Cielo. Sin embargo, en el último año hemos notado una expanción de lo que hacemos como ministerio. Recientemente, el Cielo nos explicó lo que estábamos experimentando al involucrarnos con este reino.

El Cielo compartió: "En los días que vienen a la tierra, vivir conforme al espíritu no será algo opcional para los Hijos de Dios. Han tenido varios meses para aprender algunos de los principios sobre cómo vivir desde el espíritu. Estoy ampliando su perspectiva para que no sean sólo las Cortes del Cielo, sino también los ámbitos del Cielo y cómo vivir desde esas esferas. Los dos están entrelazados y deben ser aprendidos por los santos".

"Los santos son los que deben adjudicarse como ekklesia. No son *víctimas* de entornos políticos 'negativos', sino que son faros de luz en medio de la oscuridad. Los santos en los Estados Unidos no fueron tan eficaces en el gobierno como debieron haber sido los últimos cuatro años. Fueron como niños de preescolar que llegan a un nuevo patio de colegio y no saben cómo utilizar las cosas del patio, ni saben cómo utilizar las herramientas de la biblioteca o de las aulas.

"La declaración que Donna compartió es fundamental para vivir desde el espíritu". Esto no es más que una instrucción diaria que ella da a su alma y a su espíritu. Esto es esencialmente lo que ella hace cada mañana:

Le hablo a mi alma esta mañana y le ordeno que ceda su lugar del gobierno de mis esferas internas al espíritu. Alma, aprecio lo que haces, pero hoy vamos a sujetarnos a mi espíritu que estará trabajando en conjunto con el Espíritu Santo.

Cuerpo, cooperarás con mi alma y especialmente con mi espíritu. Hoy, vamos a tener un buen día.

El Cielo explicó: "Está dando la instrucción a su alma Y TAMBIÉN a su espíritu de cómo va a ser el día. No es difícil para su espíritu recibir esa instrucción, sin embargo para su alma resulta bastante difícil. Su alma debe aceptar los beneficios de vivir en un segundo plano y poner a su espíritu en el primero. A menos que usted permita que el reposo que viene del Cielo tenga preeminencia, no experimentará la plenitud de su espíritu y alma trabajando en tándem o como un duo. El alma no es su enemigo, simplemente está mal entrenada en las cosas espirituales."

"Cuando una persona tiene un comportamiento religioso, es porque sucumbe a los espíritus religiosos o a los demonios que los engañan para que actúen con una falsa piedad. Esta es una pobre sustitución a la manera en que deben vivir los hijos del Reino."

---
*Viva del espíritu **HACIA** el alma.*

"Deje que su espíritu le imparta a su alma, y no al revés. La información del alma, por muy bien intencionada que sea, está contaminada por muchas cosas que no son fructíferas. Su espíritu fue diseñado para estar en la presencia continua de Dios, mientras que su alma es simplemente la conexión para que su cuerpo interprete y reciba las señales que le entrega el alma o que el alma comunique a su espíritu las necesidades del cuerpo. Si su alma no recibe información de su espíritu, entonces la información que recibe es de fuentes externas y, por lo tanto, no suele ser útil."

"Muchos tratan de llenar el espíritu con cosas buenas, pero su espíritu tendrá una especie de indigestión por todo aquello que no está diseñado para él. La comunión con el Padre es lo que anhela. Es el anhelo del espíritu, no del alma, aunque muchas canciones lo han expresado así porque los escritores no han entendido el papel del alma frente al del espíritu".

"Cuando Pablo dice que no vivamos según los deseos[5] de la carne, no está hablando sólo del cuerpo físico, sino del cuerpo físico dictado por el alma en la persona que tiene un espíritu dormido o inactivo. Muchas personas pasan toda su vida con su espíritu esencialmente adormecido. Esta inactividad crea un aburrimiento dentro de la persona que es difícil de eliminar. Sólo cuando su espíritu es activado y despertado comienza a cobrar vida. Está diseñado para ser vivificado".

"En Efesios 5:14, donde dice: 'Despiértate, tu que duermes, y levántate…', se refiere al espíritu adormecido que se ha mantenido dormido. El espíritu es donde la luz de Jesús debe brillar, no en el alma. A eso se refiere ese pasaje. Versos similares dicen lo mismo. Isaías 60:1 dice: 'Levántate, resplandece; porque ha venido ti luz…' Está hablando al espíritu, no al alma. El alma se despertará a lo que la alimente, sea bueno o malo. Por lo tanto, hay que tener cuidado con lo que se alimenta."

Recuerde, lo que usted alimente vivirá, y lo que no alimente morirá.

"Sea consciente de lo que está alimentando y con qué lo está alimentando. Una dieta equivocada producirá resultados erróneos. Alimentar la parte equivocada de su ser también producirá resultados equivocados. Viva

---

[5] Gálatas 5:16-17

desde su espíritu y *para* su espíritu, no desde su alma. Su espíritu no descuidará el alma para su detrimento cuando el espíritu está siendo alimentado correctamente. Se encargará de que el alma sea atendida y reciba lo que necesita".

"Algunas cosas sólo el espíritu de un hombre sabe cómo tratarlas y no pueden ser fácilmente trasladadas al alma, pero el espíritu encontrará la manera de administrárselas, para que ésta reciba los beneficios del impacto de la información dada por el espíritu".

El entendimiento de Pablo

Pablo entendió el vivir desde el espíritu y enseñó extensamente sobre ello. Sin embargo, el desafío para los creyentes hoy en día es llegar a un entendimiento correcto de su relación de hijo con el Padre. El entrenamiento de la gran mayoría del Cuerpo de Cristo es que ustedes nacieron en pecado, por lo que su deber es pecar, y están en una batalla constante con su naturaleza carnal para no pecar, en lugar de simplemente vivir en justicia ante el Padre.

Vivir en justicia es simplemente vivir lo que uno es, no ser lo que le han dicho que es desde el sistema religioso.

A medida que los hijos e hijas comprendan quiénes son y de quién son, su mentalidad se transformará en una más positiva, en comparación con todo lo que han aceptado con anterioridad. Todas las "-ología" en las que han vivido se transformarán— para bien.

*Vivir desde el espíritu será
el resultado de una decisión.*

Háblele a su alma para que ocupe el lugar que le corresponde en la jerarquía de su vida y obedezca las instrucciones que vienen de su espíritu. Su espíritu ha sido vivificado a través del poder de resurrección de Jesús, y entiende cómo vivir de esta manera. En realidad, es su alma la que tiene problemas para avanzar. La Palabra dice: "os dio vida juntamente con Él..."[6], Él nos dio el soplo de vida —vida de resurrección— para que podamos avanzar en esta nueva forma de vivir y ser. Al vivir una vida de resurrección, somos transformados de manera continua.

Muchos parámetros fueron puestos en diversos lugares por los sistemas del mundo, los sistemas religiosos, y las artimañas de los hombres, pero nunca son la última palabra. El Padre es el dueño de este mundo y Él tiene la última palabra. Él nunca entregó Su gobierno a otro. Aunque permite que ciertas cosas sucedan, la derrota no está sobre la mesa. Rendirse es sugerir que uno es el vencedor y el otro un perdedor en el conflicto. Es sugerir que uno es dominante y tiene más

---

[6] Colosenses 2:13

poder que el otro. No existe ninguna contienda entre los dos. Dios no tiene rivales en cuanto a los adversarios.

Siempre ha existido un remanente de hijos e hijas que no lejos de estar reduciendo, se está haciendo más grande, más fuerte y más lleno de la sabiduría de Dios y de los entendimientos del Cielo. Vivir desde el espíritu es crucial para maximizar la vida de resurrección. Vivir así es simplemente vivir aceptando lo que hicieron por nosotros el Padre y el Hijo.

Sistemas de creencias falsas

Capa por capa, los sistemas de creencias falsas que se han infiltrado en la iglesia serán desmantelados en las vidas de los que lo anhelan a Dios. Estos seguidores son aquellos que tienen hambre y sed de la presencia de Jehová de los Ejércitos. Ellos tienen hambre de Su justicia y la buscan como se les ha dicho en Mateo 6:33. Usted no sólo tiene la justicia, sino que también se le ha dicho que la busque. La justicia es la comprensión correcta de su relación como hijo. Si usted entiende su posición como hijo, su pensamiento será el correcto, sus acciones serán las correctas, las palabras de su boca serán las correctas, las actitudes de su corazón serán las correctas. Se verá a sí mismo como el Padre lo ve, una persona de valor inestimable e incalculable porque usted es Su especial tesoro. Usted es Su deseo en la tierra. El verlo reconocer quien realmente es le dará al Padre el mayor de los deleites. Eso es lo que Él anhela en sus hijos e hijas, por lo que pone un anhelo recíproco en sus hijos e hijas para conocerlo y ser conocidos por Él. Es este deseo recíproco el que trabaja para acercase más y más. A medida que se acerca, la fuerza de gravedad de Su deseo lo acerca aún más a Él. Un buen ejemplo de esto es la atracción gravitacional de la tierra y la luna. La atracción es más fuerte cuanto más se acercan el uno al otro, y a medida que usted se pone en órbita de quién es Dios, su visión de Él cambia, su perspectiva cambia, y sus deseos cambian, porque usted no quiere hacer nada que lo desagrade y lo distancie de Él. A medida que se acerca a Él, lo ve con más claridad, con más agudeza, de lo que lo haría a la distancia. Las imágenes de este proceso lo rodean. Su deseo para usted está a su alrededor. Él quiere que lo conozca más de lo que usted quiere conocerlo por sí mismo, pero a medida que usted permanece en el calor del resplandor de Su presencia, las cosas innecesarias se le desprenden. Se desprenden de usted para nunca volver a ser recogidas porque Su deseo es POR usted.

La comprensión de que Jesús murió **COMO si fuera usted** es crucial para entender el impacto de la obra en la cruz que fue consumada. La justicia gritaría y diría que la humanidad, por sus propios méritos, no estaba calificada ni era capaz de ofrecer el derramamiento de sangre necesario para la remisión de sus pecados. Su culpa habría sido demasiado fuerte sobre sus vidas, al reconocer las que obras que habían elegido hacer estaban fuera de su verdadera identidad.

Sucumbir al pecado es sucumbir a una forma de actuar fuera de su identidad. Usted fue formado por la mano del Padre para ser de cierta manera. Debido a la corrupción del pecado en la humanidad, ocurren situaciones que alejan a la humanidad de lo que realmente es. Sin duda lo ha visto suceder en la vida de otros, donde su entorno fue un tremendo obstáculo para descubrir quiénes estaban destinados a ser. Aquellos que nunca se ocupan de los problemas de sus generaciones o de los sucesos de su propio pasado, nunca pueden superar esas ataduras. Sólo si se someten de forma total y a largo plazo, eligiendo voluntariamente perseguir el corazón del Padre día a día, momento a momento, pueden liberarse de las muchas situaciones de su pasado que les obstaculizan en el diario vivir. Deben someterse a la continua obra de limpieza que proporciona su unión a la vid.

Fragmentación

Los entornos a los que se expone la humanidad suelen aumentar la profundidad de la depravación en la que se encuentran. La exposición constante a fuerzas externas negativas, junto con los impactos de los traumas en sus vidas, donde las puertas se abren y los invasores se instalan, es otra parte del aspecto ambiental de sus vidas, o donde el trauma da lugar a fragmentaciones.

La fragmentación y desarticulación del alma que muchos han experimentado (y para algunos, una fragmentación de su espíritu) ha sido poco comprendida en el Cuerpo de Cristo, ya que no entendían cómo podía ser posible tal fragmentación. Sin embargo, la evidencia de la fragmentación está a nuestro alrededor. Está en la naturaleza con la desintegración de los bosques. Está en sus hogares con la ruptura de familias, el desorden y la incertidumbre sobre lo que deben hacer. Para algunos, sus vidas están desordenadas, mientras que para otros, tienen sus vidas excesivamente estructuradas, lo cual es el residuo de su alma clamando por normalidad y plenitud.

Las personas necesitan experimentar un cierto grado de normalidad en su alma. Cuando eso está fuera de lugar, no son capaces de funcionar normalmente. Como señalé en mi libro *Cómo proceder en la corte de sanidad y en el jardín de sanidad*, el propósito principal del trauma es inducir el temor al alma de la persona. Una vez introducido el temor, se pueden producir muchos otros problemas que causan estragos, no sólo en ellos, sino también en sus hogares, familias, carreras y demás.

El año pasado, ministramos a una joven que había sido severamente quebrantada. Parte del quebrantamiento era real, mientras que otras partes fueron simplemente aceptadas por su alma. De la misma manera en que podemos crear pactos de enfermedad al aceptar las condiciones físicas, también puede suceder por leer sobre el quebrantamiento de alguien más, quizá una víctima de SRA (abuso por ritos satánicos, por sus siglas en inglés) u otros eventos traumáticos, y acordar con sus síntomas o características como si fueran propios. Esto nos hace susceptible al mismo quebrantamiento, y es exactamente lo que el enemigo buscaba. Empezamos a exhibir síntomas similares a los de las víctimas del abuso en rituales y eventos similares.

Esto le sucede a más personas de las que nos damos cuenta. El de esta joven era un quebrantamiento asumido, porque su experiencia era similar a la que leyó de otro, o quizá lo escuchó en un mensaje o a través de un testimonio, y se aferró a ello. Si estos pactos de enfermedades funcionan en la esfera física, es lógico que puedan ocurrir en una esfera diferente. Lo mismo ocurre con las fragmentaciones del alma y del espíritu.

Cómo refrescar su alma

Cuando su alma está cansada, a menudo es porque su cuerpo está cansado o porque ha tenido muchos asuntos emocionales sucediendo a su alrededor. Su alma debe ser refrescada. Pero al instruir a su espíritu a ir a los Jardines del Cielo para refrescarse y obtener refrigerio, puede entregarle esta bendición a su alma, y luego necesita que esto mismo sea suministrada *de* su alma *al* cuerpo. Su cuerpo sólo puede obtener una cantidad determinada de descanso por medio del sueño y la inactividad. No recibe todo lo que necesita sin el aporte del alma desde el espíritu. Están interconectados. No hemos comprendido esta interconexión del espíritu, el alma y el cuerpo, pero el Cielo nos concederá cierta comprensión para que sepamos cómo vivir adecuadamente con todas las partes involucradas. Una vez que estos principios estén en su lugar, estaremos mucho más frescos, y nuestro cuerpo se rejuvenecerá para sentirse mejor de cómo estaba.

Ha leído las escrituras donde se declara que su cuerpo es el templo de Dios[7] y el Espíritu Santo vive dentro de ese templo, adentro de su espíritu. Él no vive dentro de su alma o su cuerpo físico. Sin embargo, el pensamiento tridimensional no puede típicamente captarlo de otra manera. Su cuerpo es el depósito para el alma y el espíritu, pero como depósito, debe tener una entrada y una salida para funcionar correctamente.

Nuestro cuerpo se alimenta con comida y nutrientes— eso cubre las fuentes externas de nutrición, pero el espíritu también puede alimentar al cuerpo. ¿Recuerda cuando Jesús dijo que lo que contamina a un hombre viene de adentro— lo que sale del corazón? Las imaginaciones malignas y los apetitos impuros provienen del interior y hacen mucho más daño que un par de manos sucias. Lo que viene de adentro también puede limpiar y sanar el cuerpo. Todo esto debe venir a través del espíritu.

Los puentes entre sus esferas internas —entre el espíritu y el alma, y entre el alma y el cuerpo— deben ser y mantenerse saludables. El alma, debido a que está acostumbrada a ser la esfera interna dominante, a menudo tomará el papel de guardián de la puerta cuando es no es más que una vía de comunicación de una esfera interna a la siguiente, en la secuencia fue diseñado en el Cielo. Cuando actúa como guardián de la puerta, está fuera de sus límites y creará problemas de

---

[7] 1 Corintios 3:16

enfermedad y falta de salud. Debe ser un conducto, no un controlador. Es una puerta y no un portero. Es la tubería, no el grifo.

Por ejemplo, en un ambiente en donde hay unción para sanidad física, el Espíritu Santo se mueve sobre su espíritu, quien, a su vez, se mueve sobre su alma con el mensaje: "Tengo la sanidad que la persona ha estado deseando". Sin embargo, debido a que el alma está herida en alguna esfera, se niega a permitir que el don de sanidad fluya hacia el cuerpo desde el alma. En su lugar, trata de secuestrarla para su propio beneficio. Sin embargo, debido a que no era un flujo de sanidad para la esfera emocional sino para la física, la sanidad no podrá manifestarse en su cuerpo. El egoísmo del alma provocó el cierre de la puerta, deteniendo el flujo de sanidad destinado a su cuerpo. Se hizo a sí mismo como Dios en su vida y creó un corto circuito de la obra del Cielo como respuesta al clamor de su corazón. El egoísmo es un enemigo común del cual el alma es a menudo culpable. El cuerpo también puede ser culpable, como lo demuestran los antojos por ciertos alimentos.

Es una cuestión en donde el alma no está dispuesta a renunciar a su posición de control. El alma nunca fue diseñada para estar a cargo de las esferas internas. Está mal equipada para hacerlo, porque carece de la esfera del espíritu, de donde provienen la sabiduría y percepción. Sin el aporte del espíritu en la vida de uno, nos se enfrentamos al vacío y a la falta de satisfacción en todo lo que hacemos. Se puede experimentar una medida de placer y alegría, pero debido a que la ecuación del espíritu queda fuera de la operación, la persona nunca puede experimentar verdaderamente una "plenitud" de gozo. La parte más importante siempre hace falta.

Hay que enseñar al alma a renunciar a su posición. Puede instruirla como una cuestión de voluntad propia, pero si le explica los beneficios de su sumisión, logrará más. Piense en ello como si tuviera que reubicar a alguien en una empresa de su propiedad porque su conjunto de habilidades es inadecuado para la tarea: puede retirarlo a la fuerza, o puede explicar la necesidad de crecimiento y beneficio para la empresa, y explicar que no está siendo despedido, sino que está siendo reubicado a un lugar más acorde con su diseño. Seguirá opinando, pero ya no controlará a la empresa Usted, S.A. Puede que haga un poco de berrinche, pero, si no hay otra opción, se sujetará a sus instrucciones como director general de Usted, S.A. Honre lo que ha hecho en su nombre, pero también reconozca que no es el momento de ser demasiado compasivo. Es el momento de hacer los cambios necesarios para que pueda lograr todo lo que está en su pergamino. Deje que el alma entienda que tiene una parte que desempeñar y que usted honra esa parte, al igual que honra al cuerpo por la parte que desempeña en su vida. Sin embargo, es hora de que el verdadero jefe —el verdadero Director de Operaciones— tome su lugar en su vida.

> *Su pergamino no puede cumplirse cuando su alma está a cargo. Sólo puede ocurrir cuando el espíritu está gobernando en su vida.*

Su espíritu tiene acceso al centro de información de los Siete Espíritus de Jehová. Ya fue programado con esa fuente de información. Sin embargo, debido a que se le enseñó que no debe vivir por su espíritu, no lo ha puesto en práctica, por ende, le ha faltado el recurso de los Siete Espíritus de Jehová. Este recurso sólo será accesible cuando se despierte en el corazón el anhelo un anhelo por él, o cuando estemos abiertos a su presencia. Puede venir por las palabras de su boca, o simplemente por el clamor de su corazón pidiendo sabiduría, entendimiento, consejo, poder, conocimiento, o el temor de Jehová, en donde el mismo Espíritu de Jehová se manifieste en su vida y en su situación. Es este grito del corazón es el que llama la atención de los Siete Espíritus de Jehová.

El Cielo explicó: "David comprendió el valor del clamor del corazón. Él clamaba a menudo en su búsqueda del corazón del Padre. El clamor del corazón también significaba que me encontraba cuando clamaba por mí". Aparentemente tuvo éxito en sus clamores al Padre, pues Hechos 13:22 lo registra como alguien que tenía el corazón conforme al del Padre. "Así sucede con todo aquel que clama a mí. Seré encontrado por vosotros".

Buscad a Jehová mientras puede ser hallado, llamadle en tanto que está cercano. (Isaías 55:6)

Nuestros cinco sentidos

A medida que su espíritu recibe del Cielo, es responsable de iluminar la esfera de su alma con relación a lo que ha obtenido. Por esa razón, es imperativo que aprendamos a escuchar del Cielo con nuestros cinco sentidos. Fuimos creados con el sentido de la vista, el oído, el tacto, el gusto y el olfato. Tenemos los mismos sentidos dentro de la esfera interna de nuestro espíritu. Nuestro cuerpo contiene el mecanismo para que nuestros sentidos naturales funcionen, pero nuestra alma es la que adjunta las emociones y los recuerdos a las experiencias del olfato, el oído, el gusto, el tacto o la vista, para que podamos apreciar su aroma (respecto a las cosas agradables) y aprender a evitar las desagradables.

Es posible que disfrutemos de la fragancia de una rosa, pero no nos entusiasma tanto el olor de una mofeta, un pequeño animal cuyo principal mecanismo de defensa es su capacidad de liberar un olor muy desagradable. Ambos pueden ser penetrantes, pero uno será mucho más agradable que el otro.

Podemos escuchar desde el Cielo. Podemos ver cosas del Cielo usando nuestros ojos espirituales, podemos oler, saborear y tocar objetos celestiales. Podemos sintonizarnos con estas experiencias mediante el entrenamiento. A menudo con la audición, escucharemos la suave y apacible voz del Espíritu Santo hablándonos como lo hizo Elías en la montaña.[8] Podemos ver en visiones como lo hizo Ezequiel.[9] Podemos probar los sabores del Cielo como David mencionó en el Salmo 34:8. Como la mujer con el flujo de sangre que tocó el borde del manto de Jesús, ella tocó más que la tela que Él llevaba, ella tocó el Cielo y recibió su sanidad.[10] Su cuerpo clamaba por alivio, su alma estaba de acuerdo y su espíritu facilitó el encuentro.

Más adelante en este libro, daremos cuatro sencillas claves para escuchar al Cielo, para que pueda aprender a registrar lo que el Cielo le está hablando. El Cielo quiere hablarle. El Cielo quiere mostrarle muchas cosas maravillosas y a medida que nos involucramos desde nuestro espíritu y no desde nuestra alma, podemos comenzar a experimentar el Cielo de una manera totalmente nueva.

---

[8] 1 Reyes 19:12
[9] Ezequiel 1:1
[10] Mateo 9:20

Capítulo 4
Cómo cooperan los ámbitos de sus esferas

Garzan[11] dijo: "Les hablaré claramente. Su adversario ya tiene cambios falsos programados, los cuales ya están derrotados, pero su enemigo no lo cree. Por lo tanto, él continuará en su propio engaño para tratar de mover a la Novia a lugares geográficos equivocados o dirigir a la Novia de una forma equivocada. De modo que, nosotros (los ángeles) necesitaremos pelear la batalla, para la cual estamos preparados y habilitados. Nuestra directriz de parte del Rey es mantener a la Novia recibiendo la verdad de Su revelación para que Su Espíritu y Su poder sean manifestados en los días venideros".

Continuó diciendo: "¡El pueblo de Dios debe rechazar el temor a la revelación y *debe encargar a sus propios*

---

[11] Garzan es un ángel que apoya a Ezekiel, el ángel del ministerio.

ángeles que batallen en las puertas del ámbito de sus esferas para que el enemigo sea abrumado". Luego sonrió y dijo: "¡Los ángeles del Señor son mucho más poderosos que los ángeles de las tinieblas y los demonios! Necesitan confiar en estos seres angélicos para que les ayuden a recibir la verdad de la revelación a través de los portales que se van a abrir en esta hora".

Erradique el miedo

Entonces Garzan dijo: "Recuérdenle a las personas **que no deben tener nada que ver con el miedo.** Deben erradicarlo de todas sus esferas y buscar dónde podrían estar reteniendo el miedo en sus esferas. Las esferas que guardan el miedo son como la corrupción en un archivo de datos. Éstas deben ser purgadas y limpiadas. Eso es lo que le estará ocurriendo a la Novia a medida que trabaja hacia el cambio de aumentar la del Espíritu de Dios dentro de su espíritu humano". Él dijo: "Les hablo en dos niveles: tanto a nivel corporativo como individual".

De vuelta a lo básico

Continuó diciendo: "Voy a volver a hablar de lo básico: Es posible que la esfera del cuerpo haya retenido el miedo en el ADN, así como es posible que la esfera del alma tenga miedo originado por una emoción. También es posible que la esfera del espíritu tenga miedo o contenga el miedo, simplemente por haberse puesto de acuerdo con él. Es fácil para un creyente lleno del

Espíritu echar al miedo fuera de su espíritu cuando ve la verdad cuán bella es la realeza de Jesús. Esta es la alimentación diaria del hombre espiritual con el carácter de Dios revelada a través de Su Palabra."

En la esfera del alma es más difícil de erradicar porque el miedo se esconde en las emociones. Sin embargo, a menudo se esconde en la manipulación y el control. Todo esto nace de un espíritu de miedo, que no es originario de usted ni de su esfera del alma. La esfera del cuerpo es algo similar.

Puentes hacia las esferas

Comenzó mostrando dos puentes.

Garzan comenzó diciendo: "Si observan su ámbito como esferas organizadas en forma lineal, existe un puente entre su espíritu y su alma, y luego un puente entre su alma y su cuerpo. Desde estas esferas, las cosas cruzan de un lado a otro a través de estos puentes. Observen que, para que la esfera del cuerpo reciba algo del espíritu, debe pasar por el alma. Del mismo modo, el espíritu puede recibir algo de la esfera del cuerpo, pero también debe atravesar el alma. Por eso el alma debe ser limpiada, entender quién es y comprender su papel. No es el líder. En sus esferas internas hay puentes internos, siendo el alma el comunicador entre las tres. Es un comunicador entre las esferas".

A continuación, nos mostró una imagen del ámbito de una persona como si fueran esferas dentro de otras esferas. Continuó: "La esfera más interna es el espíritu, la siguiente esfera es el alma, y luego tienen la esfera del cuerpo. Así es como funciona la vasija del cuerpo en el ámbito natural de la tierra creada por Dios. Se nos da un recipiente que es el cuerpo, para contener el recipiente de alma, que a su vez contiene el recipiente de espíritu.

"Por lo tanto, ser guiado por el espíritu desde el hombre interior, en el que el espíritu humano interno está conectado con el Reino de Dios (que es el santuario más profundo de Dios morando dentro de ti), puede comunicarse hacia afuera a través del alma, al cuerpo. A menudo, cuando el espíritu humano está recibiendo del Espíritu Santo en la esfera del Reino, no llega al nivel del cuerpo porque el alma lo detiene y no lo deja pasar a la esfera del cuerpo, pero puede hacerlo."

Ezequiel dijo: "Estos son misterios, pero los misterios tienen solución. ¿Recuerdan cuando Jesús estaba en la tierra? Hablaba en parábolas. Una parábola pone a prueba el alma para engancharla a un misterio, para darle la oportunidad y la invitación de buscar el significado desde el ámbito espiritual, no desde el ámbito natural. Las metáforas en los sueños también hacen esto. El hijo de Dios, que es guiado por el Espíritu desde su espíritu humano despierto, llega a una alineación más perfecta dirigida desde el espíritu al alma, y luego al cuerpo."

Mucha gente puede quedarse atascada pensando que la esfera física es la esfera principal, cuando en realidad lo es el espíritu (también conocido como el hombre interior). El espíritu contiene el poder de Dios, el consejo de Dios, la sabiduría de Dios— todos los siete espíritus reflejados dentro del espíritu del hombre. El que tiene un espíritu activado recibe de los siete Espíritus de Jehová. Los Siete Espíritus de Jehová se reflejan hacia afuera a través del alma, luego al cuerpo, y del cuerpo al ámbito natural.

Uno lleva el Reino de Dios dentro todo el tiempo [en el hombre interior, el espíritu humano].

Su alma comunica esto a su cuerpo y cuando su cuerpo está de acuerdo y alineado con el hombre interior (el espíritu), entonces ocurre la liberación del Reino en el ámbito físico. La sanidad y otras actividades pueden manifestarse.

"Esto parece una demostración del poder y la fortaleza de Dios. Es lo que hizo Moisés cuando levantó su vara y la tierra respondió. No sólo eso, cuando levantó su vara en el Mar Rojo, los ángeles de Dios prestaron atención a la vara que se le dio a Moisés como símbolo de autoridad y tomaron sus posiciones en lo invisible para contener las aguas".

Ezequiel continuó: "Les cuento un gran misterio. Esta manifestación está volviendo a la tierra nuevamente. Estas serán llamadas las señales y maravillas de Dios y operarán a través de aquellos que están operando desde su hombre interior. La Novia está aprendiendo, y, como sabrán, algunos son pioneros. Ellos son los demostradores de lo que es posible.

"Han visto cómo los niños pequeños se frustran cuando saben que deberían ser capaces de atarse los cordones de los zapatos, pero tras varios intentos, los cordones se quedan desatados o se aflojan hasta el punto de desatarse rápidamente. La frustración se instala y durante un tiempo ese niño ni siquiera intenta atarse los cordones. Entonces, se produce un momento de razonamiento interno donde se enfrenta con la contradicción de porque otros pueden atarse los cordones, pero él no es capaz de atar los suyos. Esta contradicción catapulta el esfuerzo para volver a intentarlo, y después de la práctica, los cordones quedan apretados. El resultado es la alegría y la sensación de logro". Ezequiel dijo: "Les digo que este es un proceso similar para la Novia, mientras aprende a manifestar el Reino de Dios en la tierra".

En ese momento nos detuvimos para comisionar a Ezequiel y sus filas, tal como se nos había ordenado:

Ezequiel, te encargamos a ti, a tus mandos y a tus filas, que guardes los portales de revelación que se están abriendo con el libro que acaba de salir, para que lo que se reciba sea hecho por el espíritu, no por el alma de los individuos que lo lean.

Te encargamos que conduzcas los cursos a través del espíritu de revelación, para que el espíritu guíe el corazón hacia el alma.

Les encargamos que custodien los portales del libro y el tiempo en el cual portales estarán abiertos. Les encargamos que patrullen, que realicen tareas de centinela, que batallen en las puertas, que venzan en contra de cualquier distorsión y mentiras ilegales que quieren cambiar la revelación y causar confusión sobre la revelación que ha sido liberada. Les encargamos que estén alertas y usen toda la autoridad que les ha sido dada por el Cielo para llevar a cabo estos deberes y hacer que la revelación y su integridad pasen a aquellos que lean el libro en el Nombre de Jesús.

Agua Viva

Al continuar, Ezequiel tenía en sus manos una jarra de plata. Era muy grande y tenía un asa y un pico. "Este es un recipiente de agua viva", explicó. "Son los cursos que se derraman desde el Cielo a través de los portales de revelación. Algunos individuos tienen cántaros pequeños, mientras que otros tienen cántaros grandes. Díganle a las personas que estén agradecidos con el agua viva que se derrama dentro de su recipiente espiritual, para que puedan derramarla sobre aquellos a quienes ellos influyen en sus territorios."

"No juzguen a los demás con demasiada dureza o rapidez", explicó, "ni juzguen la medida de su caudal". (No se refería a juzgar el contenido, sino a la trampa de la comparación). Continuó diciendo: "No juzguen la cantidad de flujo del agua viva a través del cántaro de otra persona, sino que pidan al Señor que aumente el flujo, porque Él es bueno. A medida que demuestren ser un vaso digno, obtendrán más".

Terminó diciendo: "Hay un dicho que dice que no se le dan a un niño pequeño las llaves de un vehículo. Esto también es cierto en el Cielo".

Capítulo 5
Cómo vivir desde el espíritu

Donna explicó: "Lo que escuché al Cielo decirme esta mañana entré allí esta mañana fue la palabra 'vientos'. Vi un barrilete y luego una persona que lo volaba empezó a hablarme de los vientos. Dijo: 'Hay muchos vientos. Son como corrientes y están siendo liberadas desde el Cielo y tú puedes entrar en una de ellas.'"

La analogía era que una corriente de viento es como la corriente de un río que nos llevan a alguna parte. Entre ahora en el espíritu y determine si hay algúna corriente de viento al que desa entrar y que puede hacerlo, ya sea un viento de revelación o un viento de consuelo. Estos vientos son vientos con los que puede entrar a los ámbitos del Cielo. Puede entrar al Reino de Dios con su espíritu y experimentar qué viento (o vientos) soplan allí. Donna continuó explicando que sentía como si el Padre liberara vientos de ángeles al reino físico. Es como una corriente aquí (discernible por nuestro espíritu) y probablemente podría fluir en ellos.

Ella pensó: "Sería algo bueno para mí recibir las corrientes de viento que me están trayendo". Le trajo a la mente el versículo de Hebreos: "El que hace a sus ángeles, espíritus (vientos), y a sus ministros, llama de fuego" (Hebreos 1:7) (explicación añadida).

Entonces comenzamos un encuentro con Mitchell, un hombre de lino blanco que llegó y comenzó haciéndole una pregunta a Donna: "¿Qué fue lo último que te dijo el Cielo esta mañana?"

Ella respondió: "El Cielo me dijo que una corriente está fluyendo desde el Cielo a través de mi ser espiritual y que yo podría entrar, como en la parte posterior de un barrilete, y fluir con ese viento."

Mitchell dijo: "Eso es correcto. Esta es una experiencia que se hace con el espíritu al frente".

Continuó: "Desde tu hombre espiritual puedes elegir el viento (o los vientos) de donde quieres recibir. Estos vientos son ángeles ministradores que han sido liberados a la dimensión de la tierra."

Estos vientos deben ser recibidos desde el espíritu, en el espíritu.

"Se acercan para asistir con la elevación o el levantamiento del espíritu activado a una corriente que no es la corriente actual de la tierra ni la corriente actual de la esfera del alma."

> *La Tierra opera en la esfera del alma a través de la interacción con la humanidad.*

"Pero los espíritus despiertos por Dios tienen la oportunidad de ascender a diferentes corrientes que se liberan desde el Cielo y pueden permanecer en esas corrientes. Esta es una actividad espiritual."

"Una actividad espiritual es una actividad *de enfoque* en donde el hombre espiritual entiende a qué se le debe prestar atención. Dirija su espíritu a ese lugar. El alma necesita entender lo que el espíritu sabe. Necesita recibir entrenamiento del espíritu. El espíritu del hombre se entrena y recibe consuelo, paz y gozo, y es regado y alimentado por el Espíritu Santo desde el ámbito del Reino. Sin embargo, el enemigo de su alma espera que nunca encuentre este camino, incluso si ha nacido de nuevo. Busca evitar que su espíritu activado sea llenado por el Espíritu Santo o despertado para obtener fortaleza, con el fin de cambiar su estilo de vida a uno dirigido por el espíritu y no por el alma."

> *El alma a menudo está adjudicando cosas del ámbito físico basado en el intelecto, la emoción y la memoria— estos recuerdos a menudo están vinculados a programaciones mentales vividas en la juventud.*

"El reino del alma puede funcionar bien en el mundo tridimensional, *pero el componente del espíritu es imprescindible para la vida espiritual.* Un espíritu despierto escucha a Dios. Un espíritu despierto tiene hambre de las cosas de Dios. Un espíritu despierto puede estar hambriento, sediento, necesitado de compañerismo, necesitado de amor y necesitado de compañía. Estas son las cosas que su hombre espiritual necesita. Muchas personas se confunden con el alma y a menudo su alma se confunde con su espíritu."

"Su espíritu es una esfera llena por el poder de Dios, llena por el compañerismo con Jesús, el compañerismo con el Padre, el compañerismo con el Espíritu Santo. Su espíritu es el receptor de los Siete Espíritus de Jehová, su funcionalidad y lo ellos le que están emitiendo. Su espíritu es la luz que hace que otros espíritus sean tocados y despertados. Por lo tanto, *el ministerio desde el espíritu es mucho mejor que el ministerio desde el alma.*"

Mitchell continuó: "Para que el poder de Dios sea liberado en la tierra, el espíritu del hombre debe estar dispuesto a recibir ese poder y fortaleza del Espíritu Santo y debe dirigirlo. Tiene que ser dirigido. Puede ser dirigido en la intercesión, en la conversación, a través del cuerpo, o por la imposición de manos, pero todas estas cosas provienen del espíritu de la persona. El alma y el espíritu han sido redimidos al Padre."

El deleite del Padre es que su espíritu esté en comunión con Él, Su Hijo, el Espíritu Santo, el Cielo, y los que habitan ahora en el Reino de Dios.

"A éstos los llama la gran nube de testigos, como lo soy yo, pues soy uno de ellos. La disciplina para esta relación es ser como un niño, hambriento, sediento y dispuesto."

"El enemigo a menudo utilizará la voluntad del alma para interrumpir lo que el espíritu está dispuesto a hacer. Esto requiere disciplina, práctica y alimentarse de la Palabra de Dios para conocer nuestra propia identidad con el fin de superar la resistencia que el enemigo utiliza dentro de la esfera del alma", declaró Mitchell.

Distracciones de la esfera del alma

"Actualmente existen muchas creencias en la humanidad. No siempre ha sido así, pero lo es ahora. Hay muchas distracciones en la esfera del alma", continuó. "Una de esas distracciones es la edificación de la esfera del alma, es decir, aquello a lo que tu alma acude o busca para ser edificada (como todo lo relacionado a la ilusión por la comida)." Explicó: "Estoy dando ejemplos de algunas cosas buenas de las cuales su alma está dispuesta a recibir. No son necesariamente malas, pero pueden estar desequilibradas, y si el alma no está alineada correctamente con el espíritu y la forma en que éste lo experimenta, no logrará vivir en su plena identidad o en su plena capacidad."

"Hay mucho que estudiar en la vida de Jesús para indagar entre líneas y permitir que el Espíritu Santo le enseñe cómo vivió Jesús, como un hombre con un espíritu activado en conjunción con el Espíritu Santo y con el flujo de fuerza y poder de la autoridad del Reino de Dios. Observe que esto fue incluso antes de que Él fuera a la cruz para el pago de todos los pecados. De manera similar, a los discípulos y a los 70 que fueron enviados por Jesús para ministrar, primero se les enseñó quiénes eran y luego fueron enviados con instrucciones". El dijo, "Las instrucciones que usted lee en las escrituras son algunas de ellas. Lo que hicieron fue caminar en el espíritu, confiando en el poder y la fuerza del flujo del Espíritu Santo (dentro de su espíritu), junto con los vientos y las corrientes para sanar a los enfermos y llevar a cabo muchas autoridades contra el enemigo." (Lucas 10:1-24)

Mitchell agregó: "¿Recuerdan cuando Ron estaba describiendo la imagen de las tres esferas de una persona en una línea con puentes que las conectan, y cómo una unción sanadora puede atascarse en el alma? El Espíritu Santo explicó que lo que hay en el alma que obstaculiza el camino se llama 'genuflexiones[12] de la mente'. La mente en su alma se inclina ante una noción

---

[12] Genuflexión: acción de doblar la rodilla en reverencia.

preconcebida o algo que pensó. En lugar de rendirse a esa idea, no se incline, no le rinda homenaje a eso que le enseñaron, sino permita que la sanidad fluya a través del conducto del alma a su esfera del cuerpo para que la esfera del cuerpo reciba lo que la fuerza y el poder de Dios está liberando."

"Me parece que la frase 'genuflexión mental' es muy interesante", dijo Donna, "porque uno se imagina a una persona inclinándose ante un ídolo, o ante una tradición religiosa, o ante algo que pensaba que no había repensado, o que no se había rendido a la posibilidad de repensarlo. Estamos caminando en una era donde esto está sucediendo y hay porciones del cuerpo de Cristo siendo asistidas con nuevas formas de pensar sobre esos temas".

Mitchell explicó: "No me preocupa demasiado que les cueste tanto entender algo. Estoy seguro de que todo esto está saliendo en el momento perfecto de Dios. El simple hecho de sembrar la semilla en las personas con respecto a su ser espiritual y hacerles pensar en las diferentes operaciones de su ser está rompiendo la religiosidad y el pensamiento religioso y ayudándoles a empezar a considerar realmente cuán íntimo puede ser nuestro espíritu en comunión con la personalidad del Hijo, el Padre y el Espíritu Santo."

"Cuando uno se mueve en la posición de vivir desde su espíritu, nada es imposible. Es la atmósfera del Cielo. Cuando uno se mueve en ese ámbito y le enseña a su alma a sentarse y reposar porque va a operar desde el lugar donde todo es posible, tarde o temprano uno conectará eso con la forma en que se manifieste en la tierra."

"Habiten en estas cosas en el ámbito de la corriente de los vientos, donde nada es imposible", nos animó Mitchell. "Habiten en una corriente de gozo, una corriente de abundancia, una corriente de bendición, una corriente de edificación, una corriente de creatividad. Estos son vientos liberados del Cielo. Reciban estos vientos en su esfera espiritual y díganle a su alma que sea influenciada por esta esfera espiritual y por lo sabe mientras su espíritu es influenciado por las corrientes en las que está fluyendo."

Ezequiel (el ángel del Ministerio), que acababa de aparecer, intervino: "Entren en vientos de sentirse cómodos, hablando con los ángeles, aprendiendo de los ángeles, asociándose con los ángeles, y comprometiendo a los ángeles en el espíritu por las cosas que hacen bien. Les voy a decir que su alma puede estar preocupada por algo que al Cielo no le preocupa, y cuando alimentan esa parte de su alma y se alimenta de esas preocupaciones que al Cielo no le preocupan, su atención y su enfoque se desplaza muy fácil y rápidamente para ver y vivir desde el ámbito natural.

"Vivir desde el ámbito natural está orientado a los problemas. Está orientado a la solución. Vivir desde el ámbito espiritual no está orientado a la solución. Está orientado a la posibilidad. Está orientado a que 'nada es imposible'. No es encontrar una solución; es *recibir* la solución. Los creyentes han caminado en gracia por mucho tiempo donde, sin saber que su espíritu los estaba ayudando, estaban recibiendo ideas creativas y entendimiento. No es que esto sea nuevo, pero el potencial y la oportunidad y la grandeza de ello sí lo son".

Operando desde su espíritu

Donna se rió bruscamente al escuchar lo que dijo Ezequiel a continuación y comentó: "A mí me llama el cielo todo el tiempo".

Entonces Ezequiel le dijo a Donna, "¿No has estado pensando que operar desde el ámbito espiritual los quehaceres del día a día debería ser más fácil? Tu pensamiento es que sería mucho mas simple hacer todo esto desde el espíritu y no quedarse atascado en el alma donde el alma comienza a sentirse cansada." Puedes decirle a tu alma:

> 'Puede que te sientas cansada porque estás tratando de hacer algo que no estás destinada a hacer, así que vamos a pasar al ámbito del espíritu. Vamos a dejar que nuestro espíritu nos guíe, y vamos a volar a través de estas actividades. Vamos a ser asistidos. Los ángeles nos hablarán y el Reino de Dios participará con nosotros'.

"Esto pasa desde nuestro espíritu", dijo. "No se preocupen. Sólo es cuestión de aprender a practicarlo, de aprender que está disponible y luego aprender a hacerlo y a permanecer en él. Para eso los vientos les ayudan y también les ayudan a mantenerte en él y a permanecer en él".

Permitir que su alma opere

Ezequiel continuó: "Van a tener momentos en los cuales su alma estará en funcionamiento. Por ejemplo, si se están preparando una celebración en el ámbito físico, entonces necesitarán que su alma participe en la comunión de la celebración, en el sabor de la comida, en la fluidez de la conversación, en el disfrutar del momento."

"Ahora, imagínense en el mismo escenario donde ustedes está conectados con su espíritu. Su espíritu no toma necesariamente la primera posición, sino que ayuda al alma a procesar lo que está sucediendo. Algunos llaman a esto observar más allá, observar entre las líneas, observar con la vista del espíritu, u observar en el espíritu para ver lo que también está ocurriendo. Entonces desde esta posición, ve a los ángeles, los siente, saborea el río de Dios, ve la bondad de su participación con ustedes en la celebración. Cuando hacen las cosas de esta manera, ¿acaso el placer del momento no es mucho mayor porque han involucrado al alma Y a la esfera del espíritu, porque el Padre lo hizo de esta manera? Por lo tanto, si alguna vez se sienten en un lugar atascados, dispónganse a observar desde qué esfera están operando y cambien a la otra, y luego acepten que pueden comunicarse una con la otra. Pueden hacer ambas cosas, pueden vivir desde ambas".

Cómo conectarse con la asistencia angelical

Ya que Ezequiel nos ha estado ayudando en este encuentro, parece apropiado traer otro aspecto que usted querrá incluir al aprender a vivir desde su espíritu activado. Encargue a su(s) ángel(es) que le ayuden a vivir con su espíritu activado. Puede ser tan simple como esta encargo a su ángel:

Primero, llámelos cerca. Una vez que sienta su cercanía, comisione:

Te encargo que me asistas hoy para ayudarme a vivir con el espíritu activado. Estás comisionado para recordarme y mantenerme en paz si mi alma quiere levantarse. Agradezco tu apoyo en este día, en el Nombre de Jesús.

La carne es la carne

Ezequiel explicó: "La carne es la carne. (Se refiere a la parte corporal de nuestro ser). La carne siempre va a seguir lo que el alma y el espíritu están haciendo, creyendo lo que el alma cree, a menos que esté en segundo lugar detrás de lo que el espíritu se está alimentando. Hay una manifestación de la carne que está detrás de las otras dos esferas. Por lo tanto, si un sistema de creencias en su espíritu es comunicado a su alma y su alma está de acuerdo y se rinde a la creencia del espíritu, el cuerpo se beneficia al recibir del alma lo que ha acordado en el espíritu, y se manifestará— pero tomará *tiempo* para manifestarse en el ámbito físico. No ocurre instantáneamente. Muy a menudo sucede en lo que ustedes llamarían de una manera gradual, pero sucede, y ustedes pueden buscarlo. Muchos están impacientes, esperando que el ámbito natural funcione con los mismos parámetros que la intemporalidad del espíritu. Tenga paciencia. Sea amable con su carne.

"Le daré un ejemplo", continuó Ezequiel. "Su alma ha reconocido, desde su espíritu, la necesidad de cambiar su dieta. Me refiero a los alimentos naturales que introduce en su cuerpo. El alma primero tiene que pasar por una fase en la que está dispuesta a renunciar a las cosas que ha creído, como la información errónea sobre nutrición, o el condicionamiento emocional a cosas que no son saludables. A medida que el alma se alinea con los nuevos patrones de pensamiento, puede involucrar al espíritu. El espíritu ayudará al alma a permanecer en el ámbito de un cambio de mentalidad y, finalmente, se encontrará alimentando a su cuerpo de manera diferente y, a partir de eso, el cuerpo se beneficiará en última instancia. Esto es algo bastante común de lo que se habla, pero puede que no lo haya visto desde sus tres esferas".

Nuestro espíritu y la adoración

Mitchell comenzó a señalar otro matiz. Dijo: "El espíritu tiene la capacidad de verse a sí mismo como el Padre". Lo siguiente que voy a compartir está relacionado con la adoración. Está relacionado con la razón por la cual adoramos. Nuestro espíritu adora porque se centra en su origen, en lo que realmente es, en quién es responsable de ello, que sería el Creador—Jehová. Sería el Dios Todopoderoso. Sería el que ha resucitado y está vivo. El espíritu adora porque recibe el beneficio y el empoderamiento al enfocar los sentidos espirituales en el carácter de Dios desde donde se originó nuestro el espíritu. ¿No es esto ver quien es usted realmente?

La adoración le ayuda a ver quien es usted al ver Quien es Él.

"Las personas que luchan con problemas de identidad a menudo luchan con la adoración porque están usando los ojos equivocados para determinar su identidad. Están usando los ojos naturales para tratar de determinar quiénes son en lugar de sus ojos espirituales para ver quién es Él, y para verse a sí mismos reflejados en un reflejo de quién es Él; ver a qué faceta de Él usted se parece más, viene de la actividad espiritual de la alabanza, la adoración, la relación, el compañerismo y el afecto por el ámbito espiritual, por la Divinidad, por lo invisible."

Miedo de escuchar

Entonces Mitchell dijo: "¿Quieren saber por qué las personas no escriben en su diario cuando le piden que escriban lo que escuchan? Tienen miedo de escuchar algo negativo. No escuchan algo negativo, pero temen que van a escuchar algo negativo, y lo creen en su alma, y eso hace que su espíritu no escuche. Por esto es necesario trabajar en limpiar el alma.

"Si el alma no comunica el poder y la fuerza de Dios al cuerpo, es porque el alma tiene fragmentos. Tiene partes rotas y heridas. No sólo tiene miedo, sino que también lo contiene. El miedo es como una lente o un gran velo sobre el espíritu y el verdadero flujo del espíritu no se libera correctamente porque se distorsiona a través del velo (del miedo) que hay en el alma. Por esta razón, la limpieza de las líneas de sangre, la limpieza de las mentalidades, la alineación de permitir que el espíritu guíe su entendimiento, es tan crucial."

"El alma está hecha para trabajar en el ámbito tridimensional. No está hecha para trabajar en asuntos espirituales y de visión. Sin embargo, hay mucha ayuda para usted: los ángeles, la nube de testigos, el Espíritu Santo, Jesús, el Padre; todas estas voces le ayudan a ver todas estas cosas, a experimentarlo todo, a encontrarse no desde la esfera del alma, sino desde la esfera del espíritu. Esto es para cada creyente que elige caminar hacia el descubrimiento de esta relación". Mitchell sonrió y dijo: "Les diré esto. Ahora mismo, hay escamas cayéndose de muchos ojos".

Capítulo 6
Los cielos están abiertos

Juan el Bautista predicó el mensaje "El Reino de los Cielos se ha acercado" a las multitudes reunidas a lo largo de las orillas del río Jordán, donde luego bautizó a los conversos. Él estaba diciendo más de lo que creemos al predicar ese mensaje. La Traducción de la Biblia en inglés Passion Translation cita Mateo 3:2 de esta manera:

> *"El ámbito del Reino de los Cielos está apunto de aparecer," (traducción al español de la Biblia TPT)*

> o

> *"El Reino de los Cielos está a punto de aparecer" (traducción al español de la Biblia TPT)*

En Mateo 3, encontramos la historia de Juan predicando ese mensaje cuando, un día, un pariente llega a la escena: su primo Jesús. Jesús, sólo seis meses más joven que Juan, había venido para ser bautizado por éste en el río Jordán. Al principio, Juan se negó a bautizarlo, pero Jesús lo convenció de que debía hacerlo para cumplir toda la justicia.[13]

La justicia se define a menudo como "la postura correcta ante Dios". La última postura correcta ante Dios no había existido desde el Jardín del Edén. En el Jardín, Adán y Eva coexistieron con Dios, quien bajaba en la frescura del día y convivía con ellos. Adán y Eva perdieron este privilegio cuando participaron del fruto del Árbol del Conocimiento del Bien y del Mal. Una vez expuesto su pecado, Dios no tuvo más remedio que desterrarlos de su presencia. Cubiertos de hojas de higuera, fueron expulsados del Jardín y un ángel guardián les impidió volver y comer del Árbol de la Vida.

Lo que se perdió aquel día en el Jardín fue el acceso inmediato al Padre. No era el deseo del Padre perder la comunión y la relación con su creación, pero a través del engaño de la serpiente, esto sucedió. Después de miles de años, la pérdida a largo plazo de la comunión y el acceso inmediato a Dios está a punto de terminar.

Observen la línea de tiempo y el balance de la historia en la última mitad del capítulo 3 de Mateo. A Juan se le reveló que Jesús bautizaría en Espíritu Santo, lo cual era una dinámica totalmente nueva que apenas se insinuaba en los escritos del Antiguo Testamento, pero lo que Juan

---

[13] Mateo 3:15

había estado predicando estaba a punto de adquirir un significado totalmente nuevo. Leamos la historia:

> *Entonces Jesús vino de Galilea a Juan al Jordán, para ser bautizado por él.* ¹⁴*Mas Juan se le oponía, diciendo: "Yo necesito ser bautizado por ti, ¿y tú vienes a mí?"* ¹⁵*Pero Jesús le respondió: "Deja ahora, porque así conviene que cumplamos toda justicia." Entonces le dejó.*
>
> ¹⁶*Y Jesús, después que fue bautizado, subió luego del agua; y he aquí los cielos le fueron abiertos, y vio al Espíritu de Dios que descendía como paloma, y venía sobre él.* ¹⁷*Y hubo una voz de los cielos, que decía: "Este es mi Hijo amado, en quien tengo complacencia." (Mateo 3:13-17)*
>
> ¹⁶*Y cuando Jesús se levantó del agua,* **el ámbito celestial se abrió sobre él** *y vio que el Espíritu Santo descendía de los cielos y se posaba sobre él en forma de paloma.* ¹⁷*Entonces, de repente, la voz del Padre gritó desde el cielo, diciendo: "Este es el Hijo que amo, y mi mayor deleite está en él." (traducción al español de la Biblia TPT) (Énfasis mío)*

La dinámica que se liberaba en la tierra en ese momento era la apertura de los Cielos. Salvo en raras ocasiones, los cielos no se habían abierto a la humanidad desde el Jardín. Dos resultados inmediatos fueron evidentes por un Cielo abierto: ¡vieron y oyeron!

*¡Cuando los Cielos son abiertos
sobre su vida, podrán
ver y escuchar del Cielo!*

La paloma se posó sobre Jesús y una voz vino del cielo. Esta voz del Cielo se escucharía un par de veces más durante el tiempo de ministerio de Jesús en la tierra, pero esta fue la primera vez y Jesús aún no había comenzado su ministerio.

Fíjese en lo que se dice en el versículo 17:

17Y hubo una voz de los cielos, que decía: "Este es mi Hijo amado, en quien tengo complacencia."

¿Por qué estaba el Padre tan complacido? Jesús aún no había comenzado su ministerio. No había curado a nadie, que sepamos. No había expulsado ningún demonio. No había abierto ojos ciegos ni resucitado a nadie de entre los muertos. ¿De qué estaba tan complacido el Padre?

Les propongo que la respuesta por lo menos por partida doble. En la tradición judía, cuando un hijo pasaba por la instrucción necesario y aprendía el oficio de su padre y llegaba a un momento en el que estaba plenamente validado, el hijo ya podía operar el negocio del padre como si fuera propio. Esto ocurría en el trigésimo año de la vida del joven. Pasaba de ser un *"teknon"* a un *"uihos"*¹⁴ hijo de su padre. Estaba completamente entrenado y plenamente capacitado para dedicarse a los negocios de su padre.

Convirtiéndose en hijo

Muchos de nosotros estamos familiarizados con la tradición del bar-mitzvah de los judíos cuando, a los doce años, el joven se convierte en un hombre, pero ésta es una tradición menos conocida de los judíos. En esta tradición, el joven está ahora plenamente investido en el negocio de su padre y puede operar con la misma autoridad que el propio padre. Todo lo que el padre podía hacer, el hijo está ahora autorizado para hacerlo en su lugar. A menudo nos hemos preguntado por qué Jesús esperó a tener treinta años para comenzar su ministerio. *Uihos* es la palabra utilizada en el versículo 17.

En Juan 1:12 encontramos el uso de la palabra *teknon* con respecto a convertirse en hijos (o niños) de Dios, simplemente al recibir a Jesús como salvador. Llegar a ser un hijo *uihos* requiere cierto crecimiento en nuestro caminar con Dios.

La segunda respuesta en la que deseo centrarme es que el acceso a Dios había comenzado a ser restaurado por completo. Lo que se había perdido durante 4,000 años estaba llegando a su fin rápidamente y el proceso

---

¹⁴ Pronunciado "uhi-os"

de restauración de los cielos abiertos estaba ahora en marcha. Se inició con este acontecimiento.

El mensaje de Juan de que el Reino de los Cielos está "al alcance de la mano"(así está escrito en la versión de la Biblia en el idioma inglés) podría entenderse mejor con una simple reformulación: "El Reino de los Cielos está tan cerca como tu mano". La distinción es útil, porque, como sabemos, la religión siempre trata de dificultar el acceso al Cielo. La religión siempre ha inventado reglas y más reglas, aros que debemos saltar, barreras que debemos cruzar, todo para obtener el Cielo. Jesús, sin embargo, fue muy hábil en eliminar los obstáculos al Cielo, a Dios, a la sanidad, y demás. Si entendemos que el Cielo no es un lugar lejano— un destino futuro reservado para el remanente —sino el lugar permanente de Su Gloria, no daremos cuenta que nosotros también podemos acceder a este ámbito de existencia— esta dimensión. No está tan lejos como la religión ha tratado de hacerlo parecer.

---

*¡El cielo está más cerca
de los que pensamos!*

Después del bautismo de Jesús, Mateo registra que Jesús comenzó a predicar por Galilea. La Traducción de la Biblia en inglés Passion Translation señala que el mensaje que predicaba Juan el Bautista se estaba exponiendo ahora en tiempo presente:

*¹⁷ Desde entonces, Jesús comenzó a proclamar su mensaje con estas palabras "Apartaos de vuestros pecados y volved a Dios, **porque el Reino del Cielo ya es accesible**". (Matthew 4:17 TPT) (Énfasis mío)*

Mientras que para Juan el Bautista, el Reino estaba en el futuro, pero una vez que Jesús fue bautizado en el río Jordán, se convirtió en tiempo presente/futuro.

¡Los cielos están abiertos ahora!

En el siguiente capítulo, "Cómo acceder a los ámbitos del Cielo", hablaré del sencillo proceso que utilizamos para ayudar a las personas a acceder esos ámbitos. Dios lo ha hecho muy simple y hemos visto que se ha utilizado eficazmente en miles de vidas para traer esperanza renovada, frescura y bendición a las personas.

Capítulo 7
Accediendo a los ámbitos celestiales

Es un gran privilegio poder compartir en esta época de la historia la capacidad de acceder al ámbito del Cielo con facilidad. A muchos de nosotros nos enseñaron que el Cielo es sólo para después de la muerte. El Cielo es mucho más que el destino final de un viaje, es también un aspecto vital durante ese viaje.

Lo que estoy a punto de compartir es vital para progresar en las diversas Cortes del Cielo. Podemos acceder a la Corte de la Misericordia mientras estamos funcionando enteramente aquí en la tierra, pero para maximizar nuestros esfuerzos en las Cortes del Cielo, necesitamos aprender a operar DESDE el Cielo.

Cuando enseño sobre el acceso a los lugares celestiales, a menudo doy unos puntos clave. Si usted me dijera que es ciudadano de una localidad en particular, pero no puede describir su experiencia en ese lugar, dudaría de la autenticidad de su ciudadanía. Yo soy ciudadano de un pequeño pueblo en el centro de Carolina del Norte. Estoy familiarizado con la ubicación del ayuntamiento, la comisaría, el hospital, el tribunal del condado, el departamento del sheriff y mucho más. Sé dónde se celebran muchos eventos deportivos. Sé dónde están los parques. Conozco muchas de las tiendas y restaurantes. Estoy familiarizado con esta pequeña ciudad. De la misma manera, si le pregunto al creyente promedio si puede describir el Cielo desde su experiencia personal, la respuesta probablemente sería que no sabe hacerlo. No tiene ninguna experiencia personal del Cielo que me pueda relatar. No tiene por qué ser así.

En Mateo 3, la Palabra nos enseña que el Reino de los Cielos está cerca. Se podría decir que "el Reino de los Cielos está tan cerca de nosotros como lo está nuestra mano". Coloque su mano frente a su nariz tan cerca como pueda, sin tocar su nariz. El Cielo está más cerca de usted que eso. No está lejano, no está tan lejos arriba en el Cielo, ni "más allá" como describen algunos viejos himnos. El Cielo es una realidad muy cercana, separada de nosotros tan sólo por una membrana muy fina, y podemos acceder a allí por la fe. Es muy simple.

Cuando Jesús fue bautizado en el río Jordán, al salir del agua INMEDIATAMENTE, los cielos se abrieron. Él vio (una paloma) y oyó (una voz que venía del cielo). Este único acto de Jesús restauró nuestra capacidad de acceder al Cielo, y podemos experimentar los cielos abiertos en nuestra vida. No tenemos que esperar.

¡Podemos vivir conscientes del ámbito del Cielo y vivir desde esa realidad!

Todo lo que hacemos como creyentes lo debemos hacer por fe. Acceder al ámbito del Cielo se hace de la misma manera. En el capítulo 5, hablé de cómo los actos proféticos pueden crear realidades para nosotros. Es lo mismo con el acceso al Cielo. Es como visualizar el paso de una habitación a otra, así de fácil. Tan fácil como ir de un lugar a otro. Para aprender a acceder al ámbito del Cielo, hay que seguir el mismo patrón.

Póngase de pie desde donde se encuentra ahora y prepárese para trabajar conmigo. ¡Puede experimentar el Reino del Cielo ahora mismo! No tiene que esperar hasta que esté bien vestido en una caja larga de la funeraria local o decorando una urna. ¡Usted puede experimentar el Cielo mientras está vivo! Recuerde, entramos al Reino como un niño.

Cómo acceder al Cielo

Acalle su mente. Apague los ruidos de fondo que le distraigan, si es posible. Prepárese para relajarse y concentrarse. Ahora, diga esto conmigo:

Padre, me gustaría acceder al ámbito del Cielo hoy, así que ahora mismo, por fe doy un paso hacia el ámbito del Cielo.

Mientras lo dice, dé un paso adelante. Imagine que va de un lugar a otro con un solo paso. Una vez hecho esto, preste atención a lo que ve y oye. Es posible que se vean luces muy brillantes; se puede ver un río, una escena pastoral, un jardín— cualquier cantidad de cosas. En este momento está experimentando una muestra del Cielo. Usted notará la paz que impregna la atmósfera del Cielo. Podrá notar que el aire parece eléctrico, lleno de vida. Los testimonios que he escuchado son siempre sorprendentes y hermosos de escuchar.

Ahora, pase unos minutos en este lugar. Recuerde que Jesús dijo que para entrar al Reino, debe venir como un niño pequeño. A menudo entreno a las personas para que se imaginen como un niño de 8 años con lo que están viendo. ¿Qué haría un niño de 8 años? Él o ella sería inquisitivo y preguntaría, "¿Qué es esto? ¿Qué hace eso? ¿Adónde va eso? ¿Puedo ir aquí?" Si un niño viera un río o un lago, ¿qué querría hacer? La mayoría querría saltar al agua.

Hay una variedad infinita. ¡Los colores son asombrosos y los sonidos que escuchamos allí son tan hermosos! Podemos aprender a experimentar esto con regularidad. Cuando entramos a los lugares celestiales, en realidad entramos a nuestra casa. Usted está hecho para experimentar la hermosura del Cielo.

La razón por la que estamos aprendiendo a entrar a los lugares celestiales es porque este conocimiento es crucial para acceder a las Cortes del Cielo, ya que se hace DESDE el Cielo. Necesitamos aprender a entrar al Cielo y hacer el trabajo desde ese lugar.

Ver versus percibir

Mucha gente me dice que no pueden "ver" de forma visual en el espíritu. A menudo, desestiman la habilidad que sí tienen, la cual puede ser su "perceptor". Cada creyente tiene un "perceptor" trabajando en su interior. Este "perceptor" es el Espíritu Santo que actúa en nosotros y nos ayuda a captar información que Él nos transmite. Ya sea que lo que percibimos es algo bueno o malo, el Espíritu Santo trabaja para guiarnos más de lo que nos imaginamos. La mayoría de marinas tienen submarinos con un dispositivo conocido como sonar. El sonar le da al submarino "ojos" para ver lo que hay en sus alrededores. Pueden detectar la naturaleza del objeto por el "ping" emitido por el sonar. Pueden determinar la distancia al objeto o si se trata de otro submarino. Incluso pueden identificar qué clase de submarino se acerca. El sonar es invaluable en este escenario, y por el contrario, una cámara de video sería inútil bajo el agua.

Los militares tienen un dispositivo similar para situaciones sobre la superficie, conocido como radar. Funciona de manera muy similar. Si un piloto volara a través de una gruesa capa de nubes, necesitaría saber qué es lo que se encuentra en su camino. El radar se convierte en sus ojos.

Algunas personas funcionan visualmente. A menudo ven lo que es equivalente a fotos o imágenes de video cuando "ven" en el espíritu. Pueden ver más detalles. Alguien que opera por su "perceptor" (su radar o sonar espiritual) puede ser tan efectivo como un vidente. Si usted opera más como un sonar o un radar, no descuente lo que "ve" de esa manera. Así es como yo funciono, y he llevado a cabo este tipo de trabajo durante muchos años.

A menudo puedo detectar dónde está un ángel en la habitación (o si es uno de los hombres o mujeres vestidos de lino y no un ángel). A menudo puedo detectar cuántos están presentes y si tienen alguna cosa que deban dar a una persona. Puedo detectar cualquier cantidad de objetos, y aunque no es "visual", sigue siendo mi capacidad de "ver". Le tranquilizará saber que operar a través de su perceptor es tan válido como cualquier otro tipo de visión. Le ayudará a darse cuenta de que ha visto mucho más de lo que se imagina, y puede que sepa mucho más que algunos que sólo pueden ver.

Factores que impiden ver u oír

Cuando alguien me dice que tiene problemas para ver o escuchar en el Reino del Espíritu, he encontrado una causa común para gran parte del problema. La mayoría de nosotros tenemos alguna influencia de la Masonería en nuestros antepasados. Como parte de los juramentos y ceremonias de la Masonería, se hace un pacto con los ojos para no poder ver espiritualmente. Lo simbolizan con el acto de ponerse la capucha (o venda) en las primeras ceremonias de iniciación. Están haciendo un pacto para quedar espiritualmente ciegos. Si no hicieran este tipo de pacto en las primeras etapas de la Masonería, podrían ver la oscuridad en la que se están involucrando.

La persona necesita conseguir que los falsos veredictos que dan poder a la Masonería sean anulados en sus vidas. Recomiendo mi libro, *Cómo anular los falsos veredictos de la Masonería.* He encontrado que alrededor del 90% de las veces hay una correlación entre la masonería y la incapacidad de ver o escuchar en el espírtu.

La segunda situación que he encontrado es de personas que han hecho un pacto con sus ojos para no ver. Por lo general, esto es el resultado por haber un susto que tuvieron en el pasado, cuando vieron algo espiritualmente. Esto puede suceder particularmente con un niño pequeño que puede ver algo en un sueño o visión, y los asusta tanto que cierran la vista o el oído.

La solución para esto es estar dispuesto a volver a la escena que los asustó, pero esta vez, invitar a Jesús a estar con ellos en la situación. Cuando él aparece, el miedo parece disiparse. Les pido que se arrepientan de haber cerrado la parte de su vida que es la visión o la audición espiritual y que le pidan a Jesús que vuelva a abrir su visión o su oído espiritual.

La última situación que recientemente descubrimos es que alguna persona recibió un título falso, un gravamen, una nota o un acuerdo de arrendamiento que bloquea la capacidad de la persona para ver en el espíritu o de alguna manera el enemigo ha colocado una cubierta (o lona[15]) sobre ellos para bloquear la vista y el oído.

Entramos a la Corte de Títulos y Escrituras y pedimos que todo título falso de propiedad o nota falsa sobre nuestra vista u oído espiritual sea disuelto y la propiedad del Señor Jehová sea establecida sobre nuestros ojos y oídos espirituales.

Si se trata de un gravamen contra nuestra capacidad de ver u oír, solicitamos que sea marcado como satisfecho por la Sangre de Jesús. Perdonamos a la persona o personas involucradas en hacer el falso reclamo de propiedad, los bendecimos y los liberamos.

Si se trata de un contrato de arrendamiento, también pedimos que el falso contrato de arrendamiento sea cancelado, y que se establezca un justo reclamo de propiedad entre la persona y el Señor Jehová.

También pedimos que cualquier cubierta (o lona) sobre sus ojos y sobre la vida sea removida de inmediato. Hemos visto resultados inmediatos al hacer esto ya que los ojos espirituales de las personas se abren repentinamente al igual que sus oídos espirituales.

---

[15] Una gran sábana colocada para cubrir o proteger objetos. En lo natural suelen ser de lona o plástico.

Capítulo 8
Las cuatro claves
para oír la voz de Dios

El doctor Mark Virkler ha escrito extensamente sobre este tema a lo largo de los años. Es su enseñanza característica y ha ayudado a miles de creyentes a aprender a escuchar y registrar lo que el Cielo les está diciendo de manera continua. Su sitio web (cwgministries.org) tiene una gran variedad de materiales con el fin de ayudar a aprender a llevar un diario guiado por el espíritu. Simplemente resumiré su enseñanza aquí porque es una disciplina vital para aprender a maximizar el Cielo en su vida.

El cielo quiere hablar con nosotros. El Padre, Jesús y el Espíritu Santo desean hablar con nosotros. Incluso el Cielo se ha dispuesto para que los ángeles nos hablen. Ocurrió numerosas veces en la Biblia: recordemos cuando Gabriel visitó a María y José, los ángeles vinieron a los pastores en el campo, y muchas otras veces cuando vinieron ángeles. Los ángeles no solo vinieron y hablaron con estas personas, sino que en varias ocasiones tuvieron conversaciones con ellos. La gente hizo preguntas y recibió respuestas. Abraham conversó con hombres vestidos de lino blanco sobre el destino de Sodoma y Gomorra. Se registran otros casos de hombres vestidos de blanco que se les aparecen a otras personas. Los hombres de blanco son santos que ya pasaron de la tierra al cielo. Estos seres pueden hablar con usted tal como lo hicieron con Jesús en el Monte de la Transfiguración (ver Marcos 9 y Mateo 17). Si encontramos hombres de blanco, entonces es lógico que también haya mujeres vestidas de lino blanco.

Algunos podrían argumentar que hablar con un hombre de blanco es hablar con los muertos. Si ese es el caso, Jesús fue culpable de hablar con los muertos, pero la perspectiva celestial es diferente de nuestra perspectiva terrenal defectuosa. No se les considera muertos según nuestros estándares terrenales. Puede que sus cuerpos hayan dejado de vivir, pero su espíritu está vivo en el Cielo. Jesús no los consideró muertos. Como lo vemos en Mateo 22:32:

> *"Yo soy el Dios de Abraham, el Dios de Isaac y el Dios de Jacob. Por lo tanto, él es Dios de los que están vivos, no de los muertos."*

Esto fue dicho por Jesús, cuando estaba en la tierra. Esos tres hombres ya habían transicionado de la tierra al cielo hacía mucho tiempo. De hecho, Jesús reveló que podríamos sentarnos con hombres como estos en el Reino de los Cielos.

Y les digo que muchos gentiles vendrán de todas partes del mundo—del oriente y del occidente—y se sentarán con Abraham, Isaac y Jacob en la fiesta del reino del cielo. (Mateo 8:11)

Debemos recordar que el Reino de los Cielos no está lejos. Está cerca, tan cerca como el alcance de nuestra mano.

Preparación

Ahora, antes de comenzar, necesitamos un papel o su computadora para escribir. Prepare un bolígrafo o un lápiz que funcione correctamente. Suprima el alma, hacia atrás y llame a su espíritu para que se active y venga al frente. Una vez que esté consciente que esto ha sucedido, estará listo para continuar.

Paso 1: Acallar

El primer principio que debemos aprender es a silenciarse uno mismo para poder escuchar al espíritu y el Espíritu Santo dentro. Esto probablemente requerirá apagar el televisor o cualquier música y simplemente quedarse en silencio.

Con práctica, una vez que hayamos aprendido a silenciarnos, cerrando todas las distracciones alrededor, podremos hacer esto donde sea. Yo puedo hacer esto en un evento deportivo ruidoso porque he aprendido a acallar.

Paso 2: Fijar la mirada en Jesús

No ver hacia nadie más, fijar la mirada en Jesús. Vamos a hacer lo que el escritor de Hebreos 12: 2 dijo: "fijar la mirada en Jesús". No hay que temer que otras voces se involucren aquí. Tenemos una promesa del Padre celestial de que si se le pide algo, Él lo proporcionará. No le estamos pidiendo a Satanás o sus demonios que nos hablen. No se les permite. Cuando yo practico esto, a ellos no se les invita a hablar y se los digo de esta manera. Usted puede hacer lo mismo.

Paso 3: Sintonizar el flujo

Ahora, con la mirada fija en Jesús, estamos listos para el siguiente paso. Es hora de sintonizarnos con el fluir del Espíritu Santo dentro de nosotros. El Espíritu Santo fluye dentro de nosotros como un río fluiría por la ladera de una montaña. De hecho, Juan dijo en Juan 7:38 que ríos de agua viva brotan desde adentro. Simplemente estamos reconociendo la corriente que fluye. Dentro de esa corriente hay mensajes del Cielo a los que nos podemos sintonizar como si giráramos la perilla de de una radio para captar una estación en particular. A medida que nos sintonicemos con el flujo del cielo, podemos comenzar con el siguiente paso.

Paso 4: Escribir

Lo que el cielo tiene que decir es importante y debe escribir lo que estás escuchando. En este punto, no debemos intentar analizar lo que estamos escuchando;

simplemente anotarlo. Habrá tiempo de analizarlo más tarde. Se escribe lo que se escucha cuando se escucha. No debemos concentrarnos en escribirlo con un estilo bonito y agradable; simplemente escribir. Podemos arreglarlo más tarde.

Desde hace mucho tiempo es mi costumbre simplemente hacer esta pregunta:

¿Qué me quiere decir hoy el Cielo?

Al formular mi pregunta de esa manera, me estoy abriendo para escuchar al Padre, si es Él quien habla, a veces es Jesús quien elige hablar, o, a menudo, es el Espíritu Santo quien escucho. Pero también estoy abierto a quien quiera que el Cielo decida hablara conmigo. Tal como lo experimentaron los profetas del Antiguo Testamento, a veces recibían mensajes de ángeles o de hombres vestidos de blanco. Simplemente quiero escuchar del Cielo, y dejo a discreción del Cielo que él elija quién me habla. Puedo descansar en el hecho de que no hablarán algo contrario a la Palabra de Dios. Y en el hecho que puede ser el Padre, el Hijo o el Espíritu Santo quien habla.

Lo que el Cielo tiene que decir siempre será para bendecir. Siempre alentará, siempre consolará, siempre traerá paz. Recuerda, dije que no debemos analizar lo que escuchamos mientras lo escribimos cuando podemos hacerlo más tarde. Una vez que hayamos escuchado y registrado todo lo que el Cielo tiene que decir en ese momento, podemos revisar y aclarar todo lo que pensamos haber escuchado. Normalmente escribo mis notas en mi computadora por un par de razones. 1) Tengo un registro donde puedo revisar y encontrar con bastante facilidad usando las funciones de búsqueda en mi computadora. 2) Es mucho más fácil de leer que mi escritura a mano. 3) Puedo mecanografiar durante más tiempo de lo que puedo escribir a mano.

Donna prefiere escribir en una libreta. Utiliza diferentes colores de tinta para ayudarle a distinguir entre anotaciones, registrar un sueño o una visión y otros tipos de instrucción. Lo principal es escribir lo que dice el Cielo. No puedo batallar en oración lo que he olvidado. Si tengo un registro, puedo recordarlo y luchar en oración por esa cosa en particular.

Algo muy importante que debemos recordar cuando empezamos a aprender a anotar desde el espíritu es a no hacer preguntas que sean demasiado complicadas. No necesitamos una descripción detallada de los siete caballos del Apocalipsis. No se empieza con algo así. Debe ser sencillo.

Está juzgando en base a la sensación de "¿Fue esto del cielo o no?". Recordemos que el Consolador (Espíritu Santo) consolará, sin embargo, el condenador (Satanás) condenará. El Apaciguador da la paz mientras que el destructor destruye. El Cielo dará buenos informes. No tiene que temer que el Cielo le diga cosas malas. En ocasiones me corregirán en algo, pero como soy un hijo, entiendo que la corrección me mantiene a salvo. Si no quiero corrección, ¿soy realmente un hijo?

Cuando empezamos a aprender a tomar notas, podemos pedirle a un amigo de confianza que nos ayude a determinar "¿Viene esto del Cielo, o no?". No les estamos pidiendo que juzguen el contenido, solo su sabor. En este punto, también se puede hacer correcciones ortográficas o incluso volver a anotar lo que se escuchó de una manera más clara. A veces, al escribir a mano, es posible que uno se salga de las líneas o se corra del borde del papel. Eso no molestaría a algunas personas, pero otras quieren que su trabajo se vea más limpio.

Si tiene problemas para sintonizar el flujo, haga una pausa y comience a orar en el espíritu por unos momentos. Eso puede resultar útil en el proceso.

También me ha resultado útil que mi tiempo con el Señor al escribir sea lo primero que hago en la mañana, antes de revisar los correos electrónicos o entablar muchas conversaciones. Es posible que descubra que lo mismo funciona para usted. Para otros, el final del día funciona mejor. Lo que sea que funcione. Le animo a que haga de esto una práctica diaria. Algunos días escuchará mucho, mientras que otros días, solo se hablarán algunas cosas. He experimentado días en los que escribí varias páginas de material y otros días se habló muy poco en ese momento. Simplemente ajústese al fluir del cielo.

Repasemos las cuatro claves:

1. **Acallar:** aprender a silenciarse para poder sintonizar con el cielo.

2. **Fijar la mirada en Jesús**: no estamos buscando a nadie fuera del cielo para hablarnos— ¡no están invitados a la fiesta!
3. **Sintonizar el flujo del espíritu interior**: El Espíritu Santo fluye a través de nuestro espíritu como un río. Podemos aprender a sintonizarnos con la corriente y escuchar lo que dice el Cielo.
4. **¡Escríbalo!**: Debemos comenzar a registrar lo que estamos escuchando o percibiendo. USTED puede juzgarlo cuando haya terminado de escuchar al Cielo. No se preocupe por cómo se ve en la página. Simplemente haga el registro, ya sea escrito a mano, dibujado o mecanografiado, ¡regístrelo!

En CourtsNet.com encontrará nuestro curso en video para ayudarlo en este proceso.

Capítulo 9
Las Herramientas del Lenguaje de la Oración

En su sabiduría, Dios proporcionó muchas herramientas a los creyentes para mejorar su caminar con Él y mejorar la calidad de vida de aquellos que lo siguen. Una de las herramientas más vitales es la capacidad de orar desde nuestra esfera espiritual en un idioma que nunca aprendimos. Es un medio de comunicación para que nuestro espíritu se conecte directamente con el Cielo. Si necesitamos orar pero no tenemos las palabras o la percepción de cómo orar, nuestro espíritu puede comunicarse con mayor precisión con el Cielo en relación a la necesidad. Es una herramienta maravillosa a nuestra disposición.

Al utilizar nuestra capacidad para orar en nuestro idioma de oración, podemos despertar nuestra esfera espiritual. En el proceso, nuestra mente se acelerará y nuestra alma se acelerará para cooperar con el Espíritu Santo para obrar en nuestras vidas. Podemos orar en nuestro idioma de oración y algunas veces será como revolver un recipiente que ha estado quieto por un período de tiempo. Moverá nuestro espíritu y hará que se sienta renovado.

No solo podemos orar de esta manera, sino que también podemos cantar desde nuestro espíritu. Nuestro espíritu escucha y comprende las melodías del cielo y puede unirse a lo que el Cielo está cantando o diciendo en cualquier momento. Si ha experimentado cantar en el espíritu, simplemente libere su espíritu, deje que haga melodías para el Señor. La belleza de la experiencia es refrescante.

A veces, cuando tomo notas, oraré unos momentos en mi idioma de oración y esto "impulsa" mi capacidad para escuchar con más claridad y escribir de manera más eficaz. Puede resultarle útil hacerlo también.

A lo que me refiero también se le ha llamado "hablar en lenguas", que se refiere a una persona que habla desde su espíritu en un idioma que nunca aprendió. El diablo ha tratado de difamar el hablar en lenguas y ha llevado a la gente a burlarse de lo que no entienden, pero su burla de ninguna manera disminuye la validez de orar en un idioma fuera de nuestro entendimiento mental, ni disminuye su valor.

La estrategia del enemigo siempre ha sido desacreditar lo que no puede controlar. Ha hecho esto con el hablar en lenguas porque teme el potencial del don contra su reino. La liberación de un creyente para orar en un idioma desconocido es el resultado de recibir el Bautismo en el Espíritu Santo. Cuando nacemos de nuevo, somos bautizados POR el Espíritu Santo en el Cuerpo de Cristo. [16] Como resultado, el Espíritu Santo habita en nuestro ámbito espiritual y vive dentro de nosotros. Algún tiempo después, deberíamos haber sido bautizados en agua por un compañero creyente, a menudo un pastor o un apóstol. Otro bautismo que se enseña en la Biblia se llama Bautismo en el Espíritu Santo. Jesús es quien bautiza al creyente *dentro* del Espíritu Santo.[17]

Es una forma de experimentar el Espíritu Santo de una manera aún más íntima. Como creyentes, el Espíritu Santo está EN *nosotros*, pero nosotros no estamos *EN Él* a menos que haya sido bautizado en el Espíritu Santo. Ser bautizado en el Espíritu Santo es estar inmerso dentro de Su naturaleza, poder, características y más. Podemos ver los resultados, como el que Jesús se vuelve aún más real para nosotros, encontramos una intimidad más profunda en los momentos de oración y comunión con el cielo, experimentamos más audacia al testificar acerca de Jesús y podemos orar directamente desde nuestro espíritu, sin pasar por la mente. También podemos adorar más íntimamente cantando desde su espíritu. Estos son solo algunos de los muchos beneficios del bautismo en el Espíritu Santo.

---

[16] 1 Corintios 12:13
[17] Lucas 3:16

En el último capítulo del libro de Marcos, el escritor profetiza que "se hablará en nuevas lenguas". En Hechos 2, en el día de Pentecostés, las 120 personas reunidas experimentaron colectivamente este fenómeno. Fue tan distintivo que algunos de los oyentes que los escucharon, los oyeron hablar en idiomas que podían entenderse como su lengua materna, idiomas que los hablantes nunca habían aprendido. ¿Qué estaban diciendo? Las alabanzas de Dios, según Hechos 2:11. Fue un milagro y una maravilla para quienes lo presenciaron.

Isaías profetizó sobre esto siglos antes. Indicó uno de los beneficios de orar en el espíritu, que es ayudarnos a experimentar el descanso en nuestra alma.[18]

Este fenómeno aparece en varios lugares del libro de los Hechos. En algunos casos, con la primera experiencia de los creyentes al recibir el bautismo en el Espíritu Santo, no solo hablaron en lenguas sino que también profetizaron. Pablo dio instrucciones sobre el uso ordenado de esta habilidad en entornos públicos en 1 Corintios 14. Pablo alentó a hablar en lenguas, lo que indica que conocía su valor. También instruyó a los tesalonicenses que no prohibieran el hablar en lenguas.

Si aún no ha experimentado esto, simplemente pídale a Jesús que lo bautice en el Espíritu Santo, permítase a hablar las palabras que burbujean dentro de usted y dígalas en voz alta. No tiene que ser fluido al principio, eso vendrá con el tiempo. Simplemente disfrute de la

---

[18] Isaías 28:11

presencia del Señor en este momento. El Espíritu Santo no le *hará* hablar en lenguas. Él le dará las sílabas para hablar pero usted tendrá que dar voz a esas sílabas. Tendrá que dejar que surjan las palabras o frases. Solo necesita subir el volumen para que sus oídos puedan escucharlo y ¡*hacerlo*!

Capítulo 10
Concediendo Territorios

Donna estaba hablando con un grupo de amigos recientemente y estaba discutiendo sobre la imaginación. La gente no se da cuenta de que la imaginación es un regalo de Dios. Tenemos una imaginación, pero hay dos partes que pueden usarla: el alma o el espíritu. Es como un lienzo. Nuestra alma puede pintar en ella nuestras esperanzas y sueños, o nuestro espíritu puede pintar lo que está sucediendo en el Reino de los Cielos. Es solo un lienzo, pero el contenido y la fuente del contenido dependen de qué parte de nosotros estemos utilizando.

Este lienzo, sin embargo, también es transparente. Mirémoslo como una ventana. Se puede utilizar desde el lado del alma o desde el lado del espíritu, o incluso un poco de ambos. Cuando hablamos de tocar los reinos del cielo o relacionarnos con hombres y mujeres vestidos de lino blanco o con ángeles, entonces estamos permitiendo que el Espíritu de Dios use el mismo lienzo de la imaginación, a través de la unidad con nuestro propio espíritu. Es como una ventana en la que podemos mirar *a través* de ella o mirar *más allá* de ella.

De alguna manera, creo que podríamos pensar en ello como un holograma. Algo se proyecta sobre él. Parece que está presente, pero no lo está. Así es como nos involucramos con los reinos del Cielo, a través de la imaginación santificada. Una vez que Jesús tiene el territorio y el título de propiedad, —el importantísimo título de propiedad— si algún ocupante ilegal o cosa demoníaca intenta aterrizar, podemos obtener fácilmente ángeles para ayudar a expulsarlos, atarlos o revelar el título de pertenencia: el título de Jesús en ese reino, y ordenar a los transgresores que se vayan.

Esto parece facilitar las cosas en el camino. Después de entregarle a Jesús el título de propiedad de la imaginación, debemos darnos cuenta de que nuestra imaginación es neutral. No es mala y no es justa. Es neutral y reside en nosotros y se convierte en una herramienta para nosotros. Algunos pueden volverla mala porque están ideando planes malvados, y usan la imaginación desde la esfera del alma. Algunas entidades malignas interfieren, y la usan sin que lo sepamos. Idean sus planes malvados para el mal, ocupando nuestra imaginación, que es esa pantalla interior. Debemos detenerlo. Usted es el único que puede impedir eso porque es el dueño original de su propia imaginación. Dios la diseñó para nosotros, y cuando nacemos de nuevo, podemos entregarlo y darle el título de propiedad de ese territorio a Jesús para Su uso por causa de la justicia. Entonces, si alguna cosa fea, maligna o perversa intenta usar esa imaginación, simplemente diga: "Estoy llamando a las tropas del cielo para que te saquen del territorio que pertenece al Señor. Lárgate de aquí en el nombre de Jesús". El balance de este capítulo es cómo entregar el territorio de su imaginación al Señor.

Donna compartió otra historia. Durante años, ella había estado meditando sobre la palabra *trono*. "Se nos ha enseñado que en el Cielo el Padre tiene Su trono y Satanás quiere el trono del Padre y quiere poner su trono más alto que el trono de Dios, pero Dios es *El Elyon* y Él es el Trono Más Alto. Cuando los hijos e hijas comenzamos a darnos cuenta de que, si estamos hecho a Su semejanza, entonces el Padre puso un trono en mi esfera. Esto fue antes de que tuviera la palabra esfera, pero la esperanza del cielo sería que me aparte del trono de mi propia esfera e invite a Jesús a tomar ese trono. Entonces él tendrá el gobierno sobre todo el ámbito de mi esfera", explicó.

Imaginación Santificada

Una mañana, Donna estaba disfrutando un momento en la presencia del Señor. Sentía que ya le había dado su trono a Jesús, pero existía un área en su esfera (porque ahora tenía un nombre diferente para el concepto) que necesitaba ser abordado. Al principio de su caminar con el Señor, ella comenzó a usar la frase "imaginación santificada", y entonces dijo: "Voy a santificar mi imaginación".

Remover los ocupantes ilegales

Ella le preguntó al Señor: "Señor, ¿echarías a Satanás? Si existe alguna parte oscura de mi imaginación en la que él habita sin permiso, entonces él es un ocupante ilegal porque soy un hijo de Dios, por lo que en las cortes, les pido que eliminen a todos los ocupantes ilegales con el argumento de que Dios me compró a través de Su propia sangre y Su cuerpo interior".

Ella le dijo al Señor: "Quiero intercambiar contigo toda imaginación no santificada, para poder tener una imaginación santificada completa de modo que de hoy en adelante, yo actúe solo con ella y sin contaminación." Y contestó, "¿Cómo sería eso? ¿Cómo recibo eso?"

Tan pronto como lo dijo, vio su esfera y vio que el Rey de Gloria había entrado.[19] Se vio quitándose del trono y le pidió a Jesús que se sentara en su lugar. Vio al Padre, al Hijo y al Espíritu Santo sentado en el trono. Luego vio una larga fila de personas, como el séquito de personas que viajan con un rey. Querían entrar al ámbito de su esfera y todos ellos tenían el nombre de una cualidad de Jehová. Vio sabiduría, pureza, rectitud, gloria y paz, entre otros. Al ver a cada uno de estos seres, comenzó a decir: "Te invito a mi esfera. Quiero que te sientas cómodo aquí. Quiero que estés en casa aquí, y quiero que te quedes aquí". Luego les pidió a sus ángeles que se aseguraran de que todos los que entraban a su reino

---

[19] Salmo 24:7-10

supieran que eran bienvenidos. Encargó a sus ángeles que mantuvieran la puerta abierta, que les permitieran entrar y que les dieran la bienvenida.

Mientras hacía eso, tuvo la extraña sensación de que, si algo en su reino no era necesario, si no le decía que se fuera, entonces más seres celestiales no podrían entrar. Es como si uno estuviera limpiando el garaje. Uno tiene que deshacerse de las cosas viejas para poder organizar a fin de hacer espacio para las cosas nuevas.

Ella le preguntó al Señor: "¿A qué me estoy aferrando?" Y Él dijo: "Esto es sobre lo que me preguntaste: esta liberación de la vieja imaginación, la rendición de la imaginación no santificada".

Donna dijo: "En el Nombre de Jesús, ordeno a toda imaginación no santificada en mí que se vaya ahora". Era como si pudiera verlos salir por una puerta. Vio salir muchas cosas y parecían seres, pero nunca vio un ser llamado "Imaginación Santificada" entrar en su reino. Ella preguntó: "¿Es eso parte de mi reino o debo hacer algo?"

Ceder el título de propiedad a la imaginación

Tan pronto como dijo eso, se encontró en la Corte de Títulos y Escrituras. El consejo de la corte le estaba diciendo: "Lo que tienes que hacer es ceder tu imaginación al Rey de la Gloria". Se dio cuenta de que nunca había hecho un intercambio legal en las Cortes del Cielo que traspasaran el territorio llamado Imaginación en su esfera a Jesús. El territorio de su imaginación todavía estaba legalmente a su nombre. Había un documento en la Corte de Títulos y Escrituras que representaba ese territorio y quién tenía el derecho de propiedad. Ella todavía tenía la escritura a su nombre. Podía ver en el documento donde el enemigo había hecho incursiones y previamente había tenido partes de él. Ya no tenía esas partes, por lo que no era el dueño. No decía "Satanás" ni "Rey de las tinieblas"; no decía nada de eso, pero ella sabía que ella lo poseía y estaba al borde de una decisión.

Otro escenario de enajenación del territorio

Poco después de trabajar con la situación de Donna de ceder el territorio de su imaginación, hicimos algo similar con otra persona. Tenía un par de matices diferentes que es importante considerar para uno mismo o para alguien con quien se esté trabajando.

En la Corte de Títulos y Escrituras presentamos nuestro caso:

Jesús, te cedo este territorio de mi imaginación. Lo hago libremente. No quiero ser el dueño de la escritura. No quiero ser dueño de mi imaginación; Quiero Tú seas el dueño de mi imaginación. ¿Vendrías a través de esta Corte, y tomarías posesión, ocupación plena, y posesión del título de mi imaginación, santificándola?

La Corte nos preguntó: "¿Hace esto con toda su intención, elección y deseo?"

"Sí", respondimos.

También le pedimos a la corte los documentos de desalojo para la remoción de todos los ocupantes ilegales y todas las formas de oscuridad porque somos hijos de Dios, comprados por Él.

Continuamos:

En mi esfera, he puesto a Jesús en Su trono, pero todavía hay ocupantes ilegales en mi imaginación, así que tomo el título de propiedad de mi imaginación y solicito esta documentación en la Corte de Títulos y Escrituras para la remoción de cada ocupante ilegal que ha estado ocupando territorio ilegalmente en mi imaginación.

Cuando se terminó ese trámite, pudimos sentir que los ocupantes ilegales habían sido eliminados. Fue instantáneo. Sentíamos que ahora teníamos una propiedad libre y limpia, pero no queríamos poseerla; queríamos que Jesús fuera el dueño. Fue entonces cuando solicitamos una transferencia de posesión del título y la firmamos con nuestra intención. Hicimos nuestra solicitud al Rey y le pedimos que se convirtiera en el propietario titulado en la escritura de nuestra imaginación. En ese momento, vimos el nombre de Jesús en la línea de firma.

Esta es esencialmente nuestra solicitud a la corte:

Solicito acceso a la Corte de Títulos y Escrituras. Solicito documentos de desalojo para todos los ocupantes ilegales de cualquier reino, lugar o tiempo en el territorio de mi imaginación. Elijo hoy, por un acto de mi voluntad, transferir la propiedad de mi imaginación al Padre, al Hijo y al Espíritu Santo.

Una vez nos fue concedida la solicitud, Lydia indicó que la corte documentaría esta acción en sus registros y que esto nos proporciona una puerta de entrada hacia el Rey de Gloria,[20] por lo que todo lo que quedaba por hacer era pedir que la puerta fuera abierto, para que el Rey de la Gloria entrara en el territorio de la imaginación y lo santificara plenamente en todos los aspectos.

Solicito que se abra la puerta de mi imaginación para que el Rey de la Gloria pueda entrar y santificar el territorio de mi imaginación por completo y poseerlo como Su territorio.

Rey de la gloria, entra por la nueva puerta a tu territorio. *Te he cedido este territorio desde la Corte de Títulos y Escrituras. Posee esto plenamente con Tu Gloria. Gracias Señor.*

Lydia luego dijo: "Ahora declara que tienes una imaginación santificada".

"Tengo una imaginación santificada", declaré.

---

[20] Salmo 24

Sincronizar el reloj

Debido a que ha realizado el trabajo anterior, a menudo su vida no ha estado sincronizada con el tiempo del Señor. Para corregirlo, deberá acceder a la Corte de Tiempos y Estaciones y solicitar que su reloj se sincronice con esta enmienda titulada "Como si nunca hubiera sido".

En el nombre de Jesús, solicito acceso a la Corte de Tiempos y Estaciones.

Basado en la documentación que recibí sobre la transferencia del título de propiedad de mi imaginación al Señor de los ejércitos, al Espíritu Santo y a Jesús, y el desalojo de todos los que ocupaban ilegalmente lugares en mi imaginación, y el evento de la apertura de la puerta de mi esfera al Rey de la Gloria y su posesión de mi imaginación, basado en todo esto, solicito en la Corte de Tiempos y Estaciones que mi reloj y mis estaciones se sincronicen como si nunca hubiera sido.

En ese momento, un asistente de la corte tomó los documentos y comenzamos a escuchar campanas en mi reloj. El reloj marcaba la una en punto y los ángeles lo movieron de regreso a las 12 del mediodía y lo dejaron pasar por su cronometraje. Su experiencia puede variar de nuestra experiencia. Un sentimiento de paz acompañará la finalización del trabajo en este tribunal.

La enmienda de "Como si nunca hubiera sido" hace exactamente lo que dice el nombre. Restablece su vida (espiritualmente) a cómo sería, si los eventos interpuestos nunca hubieran sucedido.

Una vez que Donna completó el trabajo judicial en la Corte de Títulos y Escrituras, pudo sentir que se hablaba mucho en la corte. De repente, pudo ver el nombre de Jesús en la parte inferior de la escritura donde había estado su nombre momentos antes.

Tan pronto como dijo en voz alta lo que vio, una inundación de paz llenó su reino. Rápidamente se dio cuenta de que al ser llamado Paz, su hogar era ahora más grande en su reino. La paz podría expandirse en su esfera y llenar más espacio. La paz ocupaba más espacio porque Donna había tomado la decisión de nombrar al Rey como el dueño de la escritura de su imaginación.

"Empecé a sentirme tan bien, y sentí como si fichas de dominó cayeran una tras otra en una línea", describió Donna. "Fue como si todo empezara a encajar en línea". Esto es lo que hace una imaginación santificada y la transferencia de la propiedad de la escritura por elección (porque el Padre la ha dejado a nuestra elección) al Padre, al Hijo y al Espíritu Santo. Observemos que el Señor no reclama la propiedad —porque eso es controlador y manipulador— sino que el Padre nos concede la escritura hasta que nosotros deseemos entregársela al Rey.

Lydia explicó: "La transferencia de título, en el caso de la imaginación, beneficia al hijo o hija de Dios con la mente de Cristo y un flujo puro de imaginación santificada. La imaginación es tan altamente buscada en su mundo porque es el primer paso de entrada a las cosas más allá del ámbito tridimensional, el plano natural, y es dada a los humanos específicamente para un primer paso en lugares más allá de su vista física y sus sentidos físicos.

"Por ejemplo, los animales en el reino 3D no tienen imaginación. La suya se sustituye por el instinto. A medida que aprendemos sobre las esferas y la necesidad de nuestras esferas sean llenadas con la justicia de Dios, Él señalará un territorio dentro de nuestra esfera (si le hemos dado el trono) que no se inclina o acepta el trono que le hemos dado. Esa es un área que Él no está gobernando dentro de nosotros."

"En este caso, fue la imaginación. Debido a que has cedido el territorio a un nuevo dueño, el Rey —a quien has instalado en el trono de tu esfera por tu deseo— Él tiene acceso a beneficiarte con todo el diseño original para el cual Él creó la imaginación."

"Ahora, Satanás está haciendo lo mismo en el otro lado. Él está engañando a la gente, desviándolos, así como ganando y capturando los territorios de su imaginación. Su único propósito es traer más maldad al mundo a través del engaño, la mentira, la manipulación y las ataduras".

Es vital para nuestra vida guiada por el espíritu, que cedamos la propiedad de cada territorio que poseemos al Señor de los Ejércitos, a Jesús, Su Hijo, y al Espíritu Santo.

Los territorios que la mayoría de nosotros, si no todos, poseemos incluyen

- Territorio de nuestra Imaginación
- Territorio de nuestras relaciones
- Territorio de nuestras finanzas
- Territorio de nuestro intelecto
- Territorio de nuestro cuerpo físico
- Territorio de nuestra sexualidad
- Territorio de nuestra vida laboral

These are just some of the many territories that comprise us. As we yield ownership and lordship over from ourselves to the Lord of Hosts, Jesus, and Holy Spirit, we will experience life with them in a fresh new way. Enjoy your journey.

Capítulo 11
Conviértase en un receptor de la revelación

Fue durante otro encuentro con el Cielo cuando Lydia habló: "Imaginen un tablero de ajedrez en el que el Rey de reyes ha ganado la partida y tienen que recordarle al enemigo que el juego ya está ganado. Se trata de un jaque mate, pues el Reino de Dios gobierna sobre todo reino menor, y sobre toda deidad que pretenda llamarse Dios. Sin embargo la necesidad de que los santos reconozcan su papel como hijos de Dios para estar de acuerdo con Su voluntad en el ámbito terrenal es crucial. Su fin que los planes de Dios puedan seguir desarrollándose en el planeta tierra y provoquen que triunfen en toda su extensión y en todas las áreas con finalidad y plenitud. Todos los planes que el Padre tiene para su iglesia, así como los planes que tiene para su pueblo, y el hecho de que debe anunciar la grandeza de quien es Él a la Tierra están presentes."

> *Los hijos de Dios están comprometidos en la realización de estos planes.*

Estos planes incluyen la liberación de los cautivos (los que están en cautiverio de las ataduras espirituales) y sus planes libertad son por medio de los hijos e hijas de Dios. ¡Tenemos la oportunidad de participar!

"La confrontación con el mundo y sus sistemas y estructuras es inevitable, pero no se asusten, ni sean débiles, ni se sientan vulnerables ante los sistemas de este mundo porque el mayor Reino se está acercando A medida que el Reino se va acercando en mayores dimensiones, el enemigo se vuelve más iracundo, y la batalla puede ser vista con mayor facilidad", continuó Lydia. "Esto entra en los propósitos y planes de la divinidad, e incluso de la iglesia. Las ecclesías de la tierra están empezando a ver la guerra con mayor claridad. *Esto no debería asustarles; más bien debería aclararles su rol y su posición,* incluso su posición en Cristo Jesús como vencedores. Ya tienen asegurado el triunfo."

"Está siendo liberada una nueva revelación del papel y la posición del pueblo de Dios en esta victoria. Deben estar conscientes de la guerra en los lugares espirituales y permitir que esto los motive a tomar su posición y papel como hijos de Dios, uno que opera en la seguridad de los negocios del Padre, Su actividad y Su plan."

"Muchas cosas están siendo descubiertas ante sus ojos. Incluso ahora, no dejen que el descubrimiento del mal los atemorice."

No se pongan de acuerdo con el miedo.

"Acepten trabajar con los ángeles de Dios mientras descubren las audaces contradicciones de las mentiras y artimañas del enemigo. Al buscar a Dios para tener más entendimiento, que su espíritu se regocije porque conocen al que tiene la victoria."

Soliciten que la actividad angelical trabaje con las palabras de su boca conforme se libera este conocimiento en diferentes ámbitos.

"Esto se refiere a los ámbitos de las esferas angelicales, a las esferas humanas, las esferas del plano físico y a las esferas espirituales. Los hijos e hijas de Dios están empezando a ver quiénes son realmente. Están comenzando a conocer el poder triunfante de Dios que mora abundantemente en ellos mientras lo liberan verbalmente, haciéndolo sin pensamiento religioso, sino como un miembro de la familia de Dios, nacido de nuevo a través de la Sangre y la cruz de Jesús."

"Al hacer esto, su mente comienza a transformarse a su posición de autoridad, y usted comienza a tener mayor aceptación de su habilidad para estar en acuerdo y alineado con la divinidad, y así reforzar la victoria de Jesús."

"Les aseguramos que éste es un llamado a los ejércitos de la iglesia, y aquí no me refiero a los ejércitos angelicales; me refiero a los ejércitos de los hijos de Dios que a veces harán la guerra, otras veces liberarán a los ángeles para que guerreen, y a veces operarán desde las dispensaciones del reino para liberar la Palabra de Dios. Por favor, sepan esto", imploró Lydia. "los ángeles tienen la misión de escuchar lo que dictan los santos."

Por favor entiendan que las palabras de los santos deben coincidir con las del Padre para que los ángeles salgan a trabajar.

"Me refiero a la palabra escrita, pero también a la que tienen como palabra sobrenatural, la palabra rhema, el aliento de Jehová. Me refiero también a su espíritu guiando sus oídos y ojos para entender debe producirse un despliegue angelical; el Padre ha decidido, por su soberanía, que trabajará con sus hijos e hijas en la Tierra para que se haga Su voluntad en la Tierra", concluyó.

La revelación ayuda a frustrar al enemigo

Le preguntamos a Lydia: "¿Cómo funciona esto contra los planes del enemigo?"

Ella respondió: "Pueden comprender sobrenaturalmente los planes del enemigo con el fin de burlarlos. Después de todo, ¿no pertenecen a un reino más poderoso?"

A veces la revelación nos muestra lo que lograrían los planes de la maldad con el único propósito de que llevemos a cabo los planes de Dios en esa circunstancia.

"Han aprendido numerosas formas de hacerlo: casos judiciales, declaraciones, acuerdos, y la liberación verbal de ese acuerdo, para que la actividad angelical a su alrededor escuche esa palabra."

Liberando Rhemas

"La Palabra de Dios— y no me refiero a las escrituras sino que me refiero al rhema[21]—

La Palabra de Dios liberada de nuestra lengua es exactamente lo que los ángeles necesitan escuchar para ponerse a trabajar.

---

[21] Rhema es la palabra griega que describe una palabra que ha cobrado vida para usted.

"Este fue el momento poderoso que asombró a Jesús, cuando habló con el centurión, y vio que éste tenía entendimiento."

Lo que está en el ámbito espiritual invisible puede ser visto, conocido, escuchado, captado y comprendido por los hijos de Dios que maduran por voluntad propia. Algunos eligen no madurar.

"El Cielo no tiene ningún problema con eso porque confía en que el Espíritu hará su trabajo de revelación, con el fin de que sus mentes entiendan el papel de los salvos en el ámbito terrenal."

"Durante demasiado tiempo, la iglesia —y no me refiero a la iglesia como se definía en el pasado, sino a las ecclesías que oran activamente— han sido tímidas en cuanto a su verdadera autoridad y capacidad."

Recuerden que hay un gran poder cuando dos o más se ponen de acuerdo y hablan lo mismo, solicitando al Padre que libere su poder hacia algún asunto.

"Muchos en su día están despertando a esta verdad y deben seguir despertando aún más."

"No sólo tenemos ángeles escribas, que han sido enviados a la tierra para registrar las palabras de los santos mientras liberan verbalmente la Palabra de Dios, sino que hay otros ángeles liberados *para impulsarlos a liberar la Palabra de Dios*", explicó Lydia. "Muchos de ustedes son expertos en esto, mientras que otros apenas están comenzando a practicarlo."

Lo que se debe entender es que las tinieblas trabajan para encubrir las palabras verbales de los santos de Dios

---

"Las palabras son la guerra. Ponen fin a las guerras, las inician y las resuelven. Siempre ha sido un choque de reinos. Sin embargo, desde nuestro punto de vista, este choque de reinos es sólo para hacer crecer a los santos y revelarles su verdadera posición en Cristo, junto con la victoria vencedora de su reino", aclaró.

Convirtiéndonos en receptores de la revelación

Estén animados, porque la nueva revelación viene a aquellos que piden, la buscan y tienen hambre como un hambriento en un banquete, deseando la revelación que Jehová quiere que liberen sobre sus esferas de influencia.

> *Recuerden que cada esfera de influencia tiene un límite asignado por Dios.*

¿Están llenando sus territorios con las palabras de Dios?

¿Piden a los ángeles que les ayuden a recibir la revelación?

¿Conocen la palabra reveladora de Dios sobre una circunstancia en su esfera de influencia?

Algo de esto se evidencia claramente en las escrituras. El Señor no nos ha dejado ignorantes, pero en nuestros días —en nuestro calendario actual en la tierra— debemos recibir la Palabra del Señor por revelación, por sueños y visiones, y entender todo esto a través del lente de la misericordia de Dios. Él quiere que sus hijos crezcan. Su plan es que la justicia sea vista dentro de Sus hijos. Las personas que están escuchando este ministerio están buscando ser estas bocas en la tierra. Algunos, si no la mayoría, están escondidos en lugares privados y hacen esto en su trabajo de oración, lo cual provoca que el Cielo se regocije.

"Se ha movilizado un ejército en el pueblo de Dios y cualquiera que desee unirse lo hará simplemente por fe, a través de lo que liberan como la Palabra revelada de Dios, en desacuerdo con las estructuras del mundo, y por el contrario, alineados con la verdad a través del Espíritu de la Verdad y a través de la apertura del oído. Ese es el trabajo de los ángeles en esta área", explicó Lydia. "¿No les parece muy divertido?"

"Uso la palabra *diversión* para referirme al resultado final de un tiempo de batalla que fue resuelto por la liberación verbal de la ecclesía, en conformidad con la voluntad y los propósitos de Dios. ¿No es un momento de gozo cuando se ve que esto se lleva a cabo a través de acuerdos dentro del Cuerpo de Cristo en la tierra?"

Su objetivo en común

La unidad y el sentimiento de unidad viene de trabajar juntos por objetivos comunes.

"Que su objetivo común sea lo que está escrito en la Palabra y lo que se les ha revelado. Permitan las diferentes expresiones de la revelación que se obtienen de los lugares celestiales hacia una meta en común, y den espacio a aquellos entre ustedes que están facultados por el Espíritu para cumplir su misión en esta hora. Su gran gozo viene al ver las tramas del enemigo expuestas y derrotadas. No se preocupen por el marco de tiempo. Dejen el tiempo al ámbito celestial, para esfera de lo invisible y la actividad de los ángeles. Créanme, ellos están trabajando", aconsejó. "Podrán percibir el trabajo de los ángeles ir en aumento en los días venideros. Que esto provoque regocijo en su corazón".

Ella prosiguió: "Es posible regocijarse antes de que se manifieste el resultado en la esfera tridimensional. Su espíritu sabe cómo hacerlo. **Dele permiso a su espíritu para ponerse al mando y regocijarse en la victoria del Señor ante toda circunstancia.** Esto guardará su alma y la mantendrá alejada del cansancio.

Enfóquense en los asuntos del Señor.

"Disciernan con astucia lo que ven —y pueden pedirle ayuda con esto a los ángeles— y diferencien las frecuencias del Señor y las actividades de los ángeles en comparación con las de las tinieblas. Su espíritu puede ayudarles a hacer esto."

El poder del silencio

"Permítanme recordarles lo poderosas que son sus palabras", continuó Lydia. "Tengan en cuenta que deben administrar y pastorear bien sus palabras, no desde la esfera del alma como hacen algunos, sino desde su espíritu. El silencio —y lo que quiero decir con esto es lo que llamamos refrenar nuestra lengua sin hacer ninguna expresión de sonido— es tan importante como aquello con lo que acuerdan verbalmente. El silencio es un símbolo de desacuerdo."

Lo que no se vocaliza es igual de importante que lo que se vocaliza.

"Es como si yo me diera permiso para no decir nada. Esto se ve en las escrituras donde leemos que Jesús no abrió su boca, como el Cordero llevado al matadero.[22] Esta es una señal de confianza en el Señor. Algunos tratan de batallar verbalmente con otros humanos cuando la disputa no es en el plano natural, es en el plano invisible. Primero deben lidiar en este plano, antes de que en lo natural se estorbe el peso de la verdad que desean liberar.

"¿No son éstos buenos misterios?" nos preguntó Lydia.

"Los animo porque éstas son sólo algunas de las cosas fundamentales que, como hijos de Dios, se nos recuerdan."

Un símbolo de estrategia

Lydia continuó: "Recuerdan que empecé hablando de un tablero de ajedrez. El tablero de ajedrez es un símbolo de estrategia. Necesitan recordar cuan estratégico (esta es la palabra que usted usa) realmente es su Padre en el Cielo. Él es tan estratégico que se ríe desde Su trono de las payasadas de un reino derrotado porque Sus hijos han sido ganados de vuelta a través de Su propio Hijo y la Sangre que Él derramó. Él no está preocupado, y aún tiene grandes planes para el ámbito de la tierra.

---

[22] Isaías 53:7, Mateo 17:27

¡Regocíjense!

"La adoración es regocijo, así que fijen su mente en el regocijo. La batalla tiene un resultado de victoria, pero las estrategias en juego como en un tablero de ajedrez a veces no se ven hasta la última jugada. Comparto este símbolo con ustedes para que sepan que están involucrados en un tiempo estratégico y que USTEDES son estratégicos", aclaró. "Su posición es estratégica por lo que el Padre está haciendo, mientras realizan quiénes son y reposan en la verdad de lo que Él está llamando a cada persona a hacer. Las asignaciones personales, incluso las pequeñas, son grandes ante Sus ojos."

Trabajen con los ángeles

"Trabajen con los ángeles de Dios, reciban sus mensajes. Algunos de estos mensajes serán traídos en sueños. Algunos serán traídos en conocimientos. Comiencen a confiar en esto. Sin embargo, diré esto. El trabajo de este ministerio para guiar a las generaciones en la limpieza de las iniquidades está vinculado con la habilidad individual de escuchar la Palabra de Dios y es importante para ello. Así mismo, para ver cuáles son los planes del Padre, en oposición a los planes del enemigo y seguir con la liberación verbal y la colaboración con la actividad de los ángeles", concluyó Lydia.

Limpiar los linajes

A continuación, Ezequiel (quien apareció) comenzó: "El trabajo de su ministerio sigue siendo fundamental. Aprendan a venir rápidamente a las cortes para que los casos puedan ser resueltos a su favor, y para que las bases legales sean removidas de los planes del enemigo. Por esta razón, la limpieza de las iniquidades de las líneas generacionales sigue siendo importante. A medida que continúen con el trabajo de obtener los veredictos de la corte en su nombre para purgar y limpiar las iniquidades, el enemigo se molesta por no tener más acceso a sus esferas con frecuencias erróneas. Así, los espíritus engañosos y los espíritus mentirosos tienen más dificultades para retorcer, cegar y engañar. Por eso han sentido la importancia de enfatizar la limpieza de las líneas generacionales, como se les ha enseñado."

Cooperando con los ángeles mensajeros

"En estos momentos, hay muchos ángeles mensajeros liberados para los santos de Dios, muchos más de los que pueden imaginar", habló Ezequiel. "Comisiónenme para trabajar con estos ángeles mensajeros para conectarlos con aquellos en su esfera de influencia. El movimiento de los ángeles mensajeros en este momento, es muy activo a nivel mundial y estos ángeles mensajeros a menudo necesitan la asistencia y la protección de otros ángeles mientras cumplen con su deber."

"Es como en tiempos de guerra, donde las líneas de comunicación entre los generales detrás de las líneas no es la batalla en sí, pero estas líneas de comunicación deben ser vigiladas." Por lo tanto, ofrecemos la siguiente oración:

> *Padre, solo pedimos en el Nombre de Jesús que estos Ángeles mensajeros sean asistidos por Ezequiel, sus filas y comandantes, y solicitamos respaldo para Ezequiel en esto. Te damos las gracias y te encargamos que protejas a los Ángeles mensajeros a fin de que lleven su comunicación a los santos para que no se pierda ningún mensaje. Te encargamos eso en el Nombre de Jesús.*

"Muchos de estos mensajeros están siendo liberados durante las horas de la noche— cuando ustedes se están quedando dormidos, cuando se despiertan por primera vez, o pueden aparecer en sus sueños", explicó Ezequiel. "Ese parece ser el tipo de mensajes que están llegando ahora mismo y de los que habla el Cielo. Entonces, los mensajes, una vez recibidos, se desarrollan durante las horas del día".

El Cielo quiere ayudarnos a entender esto, para ayudarnos a decir:

> *Recibo los mensajes de los ángeles mensajeros en mis ámbitos y en mi entendimiento. Recibo los mensajes. Confío en ellos. Y los creo. Van a marcar una diferencia en la vida de las personas y en el propósito de Dios para el planeta, y en el*

propósito de Dios para las naciones. Recibo a los ángeles mensajeros que tienen mensajes de Dios que cambiarán las naciones. Estoy de acuerdo con recibirlos.

Encarguen a los ángeles asignados a ustedes que trabajen con Ezequiel, sus comandantes y sus filas, ya que su alineación con el ministerio nos da permiso para trabajar con sus ángeles. "A veces", añadió Ezequiel, "incitamos a sus ángeles o los alistamos mientras trabajamos juntos".

Percibiendo

"Los hijos de Dios están aprendiendo a ver espiritualmente, y su discernimiento está mejorando. Estas cosas van de la mano con el conocimiento de quiénes son realmente y cuán valiosas son sus palabras para ejecutar los planes de Dios."

"Una de nuestras actividades", señaló Ezequiel, "es hacer que la palabra correcta llegue al oído correcto. Hacemos esto a menudo y a menudo vencemos a la palabra equivocada al oído equivocado y a la palabra equivocada al oído correcto."

Protegiendo sus oídos

Ezequiel continuó: "Imaginen un ángel con una espada que ve una palabra equivocada como un objeto que viaja en la dimensión del espacio. El ángel ve que esta palabra se dirige a un oído que no debería escucharla, así que toma su espada y desvía la palabra mientras pasa, o la corta en pedazos. Por lo tanto, la palabra equivocada no entra en el oído de ese individuo— estoy hablando de su oído espiritual y su oído natural. Necesitan que los ángeles les ayuden a que su oído espiritual y su oído natural no escuchen la palabra equivocada— la palabra que trae duda, la palabra que trae temor, la palabra que trae la obra de iniquidad, la palabra que trae maldiciones, o la palabra que trae obras de tinieblas".

Los ángeles aman hacer esta actividad. Es importante ponerse de acuerdo con sus ángeles para que trabajen haciendo esto bien. Esto es lo que quiero decir cuando los ángeles de este ministerio desean trabajar con los ángeles personales asignados a ustedes. Hacen equipo juntos en el ámbito espiritual para derribar mejor la palabra equivocada. Ezequiel comentó: "Confíen en mí en esta hora, ustedes necesitan nuestra ayuda".

Preguntamos: "¿Hay algún encargo relacionado con esto?"

"Siempre es bueno encargar a sus ángeles personales que desvíen las palabras equivocadas de sus oídos", respondió.

Recuerden, tienen dos pares de oídos.

Encomienden a sus ángeles que desvíen y separen las palabras erróneas que entrarían en su oído físico y en su oído espiritual. Esto es muy parecido a la visión equivocada.

Protegiendo sus ojos

Visiones erróneas pueden entrar en sus ojos espirituales y en sus ojos físicos; por lo tanto, necesitan que los ángeles les ayuden con ambos.

Protegiendo su corazón

Después de los oídos y los ojos, está la importancia del corazón.

Recuerden que lo que su corazón anhela es la prueba de lo que sus oídos han escuchado y sus ojos han visto.

Por lo tanto, se les advierte que se concentren en el Señor, en la adoración gozosa y en el agradecimiento. Repetir las Palabras de Dios permite esto, pero el trabajo en el ámbito invisible es igualmente importante. Comisionen a sus ángeles personales para que corten las palabras erróneas, declarando que no entrarán en sus ámbitos, ni se cruzarán en sus caminos, sino que verán y escucharán la guía del Cielo.

Los ángeles hacen esto de igual manera. Ellos se encargan de hacer llegar a su vista, a sus oídos y a su corazón la bondad del Padre, sus planes y sus propósitos.

Lo que los ángeles no pueden hacer es llegar a un acuerdo por usted.

Ese es su papel. Elija sabiamente con qué está de acuerdo.

"Ni siquiera les he hablado del elemento del tiempo porque todos los mensajes tienen elementos de tiempo adjuntos. Esto es cierto desde el reino de las tinieblas porque también lo es del Reino de la Luz. Pero ha sido robado y corrompido por la copia del reino de las tinieblas. Aún así, no se preocupen. Los ángeles se ocuparán de su tarea en lo invisible y emplearán sus habilidades para hacer lo que ustedes no pueden hacer. Por esta razón, han sido asignados a ustedes, incluso creados para que realicen obras por ustedes", concluyó Ezequiel.

Capítulo 12
Epílogo

Habiendo leído este libro, ahora tiene una comprensión de lo que era un misterio para usted hace poco tiempo. Es nuestro deseo para ustedes, pero además es el deseo del Cielo, que experimenten TODA la plenitud de Dios. Pablo oró por los creyentes de Efeso y nosotros lo deseamos para ustedes también. Aquí está la porción de Efesios 3:16 al 19, según la Traducción El Espejo:

> [16] *Deseo que se den cuenta lo que el Padre siempre ha imaginado para vosotros, de tal manera que puedan conocer la magnitud de su [1]intención, y sean reforzados en su hombre interior poderosamente por el Espíritu de Dios.*
>
> (La palabra [1]*doxa*, opinión o intención, gloria.)
>
> [17]*Esto encenderá vuestra fe para que comprendan perfectamente la realidad de la presencia de Cristo en ustedes. Ustedes están arraigados y*

cimentados en amor. El Amor es su invisible fuente interior, tal como un sistema de raíces de un árbol o los cimientos de un edificio.

(Las dimensiones de vuestro ser interior excede cualquier otra capacidad que pudiera definirlos.)

[18]El amor es vuestra reserva de [1] fortaleza sobrenatural la cual [2] causa que vean a los demás igualmente santificados en el contexto de la ilimitada extensión del amor a lo ancho y largo, y hasta los extremos más altos y más profundos.

(La palabra [1]*exischuo* significa ser enteramente competente, ser capacitado para [2] comprender; la palabra [2]*katalambano*, significa venir a términos con, hacer lo suyo propio. Rom 12:13 Propónganse tratar a los extranjeros como santos— sagrados para Dios; Buscarlos y abrazarlos con el cariño de amigos en iguales términos de compañerismo. Rom 12:16 Estimen a cada cual con el mismo respeto; nadie es más importante que otro. Más bien júntense con el humilde que con el altivo. No se distancien de otros en su propia mente. ("Pongan un interés real en gente común." J.B.Phillips) A lo ancho y largo vemos la extensión horizontal del amor de Cristo: La completa inclusión de la raza humana. 2 Cor 5:14-16. La profundidad de su amor revela como nos rescató del más profundo pozo de desesperación infernal y nos lleva como trofeos en su triunfante desfile en lo alto. Ef. 2:5-6, Ef. 4:8-10, Col 3:1-4)"

[19]Yo deseo que lleguen a conocer íntimamente el amor de Cristo al más profundo nivel; Mucho más

allá de un mero conocimiento intelectual o académico. Dentro del alcance de esta ecuación Dios encuentra la expresión última de Él mismo en ustedes.

(¡De tal manera que seáis llenos de toda la plenitud de Dios! ¡Sean conscientes de su cercanía! ¡La separación es un engaño! ¡La idea de Dios fue todo el tiempo unirlos a Él! ¡Él desea expresarse a sí mismo a través de tu toque, tu voz, tu prsencia; Él está tan feliz de habitar en ti! ¡No hay otro lugar en el universo en el cual Él prefería estar!)[23] (EL ESPEJO)

Llegar a conocer íntimamente el amor de Cristo tiene que ocurrir primero desde el reino interior de nuestro espíritu. A medida que esto ocurre, la realidad de lo que se ha hecho por nosotros en Cristo se manifestará a nuestra alma, la cual podrá entonces comenzar a cooperar y disfrutar de la alianza con nuestro espíritu y nuestro cuerpo.

Es toda una aventura en la que se ha embarcado. Ojalá pueda aprovechar al máximo la revelación que hemos compartido en este libro. Ore en el Espíritu regularmente, no sólo en ocasiones especiales. Sintonícese con el flujo del Cielo y escuche del Cielo diariamente. Esto cambiará su vida.

---

[23] du Toit, Francois. *El Espejo de la Palabra (Spanish Edition) Mirror Study Bible* (pp. 6625-6640). Kindle Edition.

Colosenses 3 en La Traducción Espejo define bien la vida que debemos vivir y la forma en que debemos vivirla:

"¡Ustedes están de hecho resucitados con Cristo! Ahora mediten, con persuasión, la consecuencia de su inclusión en Él. ¡Sitúense mentalmente! ¡Conecten sus pensamientos con las realidades de la habitación del trono donde están sentados con Cristo, en autoridad ejecutiva, a la diestra de Dios! Llegando a conocer íntimamente los pensamientos de la habitación del trono, evitará que se distraigan otra vez con lo terrenal.

(Un reino reglado por el alma. ¡Mediten sobre las cosas de arriba y no sobre las de abajo! Vean la nota de Rom 1:18, La palabra [1]*katecho*, un eco hacia abajo, opuesto a anoche, un eco hacia arriba, vean Romanos 2:4 y Romanos 3:26. También 2 Cor 4:18 Nosotros no estamos manteniendo el registro de lo que parece ser obvio a los sentidos en el reino natural, esto es pasajero e irrelevante; es el reino eterno e invisible dentro de nosotros lo que tiene nuestra total atención y cautiva nuestra mirada! Una mente renovada conquista el espacio que fue previamente ocupado por hábitos y deseos sin valor.)

3:3 Vuestra unión con su muerte quebró la asociación con aquel mundo; ¡véanse a sí mismos establecidos en una fortaleza donde vuestra vida está escondida con Cristo en Dios!

("En aquel día, vosotros conoceréis, que yo estoy en el Padre, vosotros estáis en Mí, y yo en vosotros." Juan

14:20 RV. Ocupen su mente con este nuevo orden de vida; Ustedes murieron cuando Jesús murió, lo que sea que los definiera a ustedes antes, ya no los define más. ¡Cristo, en el cual la plenitud de la deidad habita, los define ahora a ustedes! La palabra "escondida" puede también ser traducida "secreto"; ¡el secreto de vuestra vida está en vuestra unión con Cristo en Dios! Col 2:9-10. "Resucitados, entonces, con Cristo, ustedes deben levantar sus pensamientos arriba, donde está Cristo sentado a la diestra de Dios, deben ser de mentalidad celestial, no terrenal; Ustedes han experimentado la muerte, y vuestra vida está escondida ahora con Cristo en Dios. Cristo es vuestra vida, cuando él es manifestado, ustedes son manifestados en su gloria." — Traducción Knox)

3:4 La vida exacta que exhibió Cristo se repite en nosotros. Estamos siendo [1] revelados en la misma bendición; ¡estamos unidos a él, tal como su vida los revela a ustedes, vuestra vida lo revela a él!

(¡Este versículo fue traducido a menudo para de nuevo posponer la revelación de Cristo a un futuro evento! La palabra [1]otan, a menudo traducida como "cuando" significa "cada vez." Así, "Cada vez que Cristo es revelado, nosotros somos revelados en su gloria." De acuerdo al diccionario de Walter Bauer, otan es traducida a menudo como una acción que se repite. ¡Pablo declara nuestra glorificación unida en Cristo! Nosotros somos revelados en la misma bendición. — Ver 1 Cor 2: 7-8, Rom 3:23-24, Rom 8:30, 2 Pedro 1:3. ¡En él nosotros vivimos y nos movemos y tenemos nuestro ser; en nosotros él vive y se mueve, y tiene su ser! Hechos 17:28.)

3:5 Consideren los miembros de su cuerpo como muertos y enterrados a todo lo que esté relacionado a la pornografía, inmundicia sensual, deseo por cosas prohibidas, lujuria y avaricia, las cuales son otra forma de adoración idólatra.

(¡Adoración idólatra es adorar a una imagen distorsionada de sí mismos!)

3:6 Estas expresiones distorsionadas están en total contradicción con los planes y deseos de Dios para vuestra vida.

(La frase "Sobre los hijos de desobediencia" fue agregada más tarde en algunos manuscritos.)

3:7 Todos nosotros fuimos una vez llevados a un estilo de vida de lujuria y avaricia. 3:8 Pero ahora, porque ustedes reconocen que murieron y resucitaron con Cristo, ¡pueden limpiar sus pensamientos con la verdad! Dejen esas cosas detrás permanentemente: cosas tales como estallidos violentos de ira, depresión, toda manera de maldad, [1] calumnia,

(cualquier tipo de menosprecio a alguien, o causar que ese alguien tenga mala reputación, [1]blasphemos) y toda forma de conversación impropia. (La asociación para toda la vida con el pecado está quitada; el dominio del carácter de Dios es revelado otra vez en la vida ordinaria.)

3:9 Aquel estilo de vida era una mentira, ¡extraña a nuestro diseño! Aquellas vestiduras están ahora totalmente quitadas de nosotros en el entendimiento de nuestra unión con Cristo en su muerte y resurrección. No estamos más obligados a vivir bajo la identidad y las normas de las vestiduras que usábamos antes, ni engañamos a nadie con falsas pretensiones.

(Las vestiduras que un actor usaría definen su rol en la obra, pero no lo pueden definir a él.)

3:10 Estamos identificados con la nueva creación renovada en conocimiento de acuerdo al modelo de la exacta imagen de nuestro Creador. 3:11 La revelación de Cristo en nosotros nos da identidad como individuos más allá de lo que cualquiera pudiera ser, sea Judío o Griego, Americano o Africano, desconocido o famoso, varón o mujer, rey o peón. De ahora en adelante cada uno está definido por Cristo; está representado en Cristo.

(¡Al verlo, no sólo registrado por la historia, sino también revelado en nosotros, descubrimos el rostro de nuestro nacimiento como en un espejo! Santiago 1:18)

3:12 Ustedes son el producto del amor de Dios; él los restauró a su plan original. Pertenecen a él exclusivamente. Es como cambiar de vestiduras. Ahora que se han quitado las viejas, vístanse ustedes mismos con compasión interior, bondad, humildad, gentileza y paciencia,

(Tal como ustedes estaban una vez identificados por sus atavíos, las características de estas cualidades ahora los define.)

3:13 Apoyándose unos a otros en positiva expectación. Si alguno encuentra falta en otro, restáurelo de nuevo al favor, recordando como el perdón del Señor ha transformado sus vidas. 3:14 Usen como uniforme el amor; esto es lo que completa el cuadro de nuestra unidad. 3:15 Que la paz de Cristo dirija sus corazones. Todos estamos identificados en la misma persona; hay solamente un cuerpo. Somos nacidos para ser bendición y exhibir su bondad.

3:16 Cristo es el lenguaje de la lógica de Dios. Dejen que su mensaje penetre en ustedes con un vocabulario ilimitado, adquiriendo sabiduría en todos los aspectos. Esto hace de vuestro compañerismo un entorno de instrucción en una atmósfera de música. Cada lección es un recordatorio, resonando en cada canción que canten, ya sean salmos

(apasionados acerca de Dios en alabanza y adoración acompañados con instrumentos musicales) o himnos (una canción de testimonio) o una canción en el espíritu (un cántico nuevo, espontáneo y profético.) La gracia alimenta sus corazones con música inspirada al Señor.

3:17 Todas sus conversaciones, y cada detalle de vuestra conducta diaria lo refleja a él; Su nombre y señorío define vuestras vidas e inspira la más profunda gratitud a Dios el Padre por su gracia. 3:18 ¡Su paz es el árbitro de todas sus relaciones, especialmente en la familia! Esposas, entréguense al íntimo cuidado de sus maridos, reconociendo el señorío de Cristo en ellos. 3:19 Maridos, amad a vuestras esposas tiernamente. No sean ásperos con ellas. 3:20 Hijos, ustedes muestren la vida de Cristo en la manera que responden a sus padres, de modo que su rostro brille de gozo, ello refleja el deleite de Dios en ustedes.

("Padres, no sean duros con sus hijos, o ustedes, eso les quebrará su espíritu." The Message.)

3:21 Padres, sean responsables por la atmósfera en el hogar; eviten tensiones que apaguen el espíritu de sus hijos. 3:22 Si ustedes están empleados por alguien, aun teniendo que trabajar como un esclavo, recuerden que sus corazones [1]entretejidos en devoción a Dios. No se muestren ocupados cuando están siendo observados, muestren la misma diligencia a las espaldas de sus jefes.

(La palabra, [1]*haplotes*, de ha, partícula de unión; hama, junto con + pleko, que significa trenzar, trenzarse, tejer juntos. Véase Lucas 11:34 "El ojo es la lámpara del cuerpo; si el ojo está solo, todo el cuerpo está lleno de luz". ¡Entrelazar nuestros ojos con los de Papá es lo que ilumina todo nuestro ser! Que es exactamente lo que la palabra קוה Kawa en hebreo significa en Isaías 40:31 ¡los que se entrelazan con los pensamientos del Señor se elevan con alas como las águilas! Estamos conectados por diseño para entrelazarnos).

3:23 En todo lo que hagan, vean a Cristo en la persona para quien lo hacen; Se produce una gran diferencia cuando ustedes ponen su corazón en ello. 3:24 Dios no es deudor del hombre; ustedes están empleados bajo el Señorío de Cristo. 3:25 Vivir en contra de la vida para la cual han sido diseñados sólo los lastimará; la descripción de su trabajo no los define, no importa lo que hagan. La injusticia lleva su propia consecuencia y no hace acepción de personas."[24] (EL ESPEJO)

---

[24] du Toit, Francois. *El Espejo de la Palabra (Spanish Edition) Mirror Study Bible* (pp. 7473 a 7531). Kindle Edition.

Descripción

Debemos comprender que somos, ante todo, un ser espiritual. Tenemos un alma, y tanto el alma como el espíritu residen en los trajes terrestres que llamamos cuerpo. El propósito principal de su alma es traducir a su cuerpo lo que su espíritu está percibiendo y ayudarle a relacionarse con el mundo tridimensional en el que vivimos. En Colosenses 3 se nos instruye a vivir desde nuestro espíritu, en oposición a vivir desde nuestro ámbito del alma.

Vivir desde nuestro espíritu es la forma en que el Cielo nos diseñó para vivir, con nuestro espíritu en primer lugar. Habiendo vivido la mayor parte de nuestras vidas con nuestra alma fuera de su posición correcta, el paradigma de vivir desde nuestro espíritu primero, espíritu al frente, abre posibilidades asombrosas y nos permite cumplir nuestro destino, vivir en paz y en comunión con el Padre, el Hijo y el Espíritu Santo. ¡Acompáñenos en la asombrosa aventura de *Vivir desde el Espíritu!*

Acerca del Autor

El Dr. Ron Horner es un comunicador y autor bestseller de más de veinte libros sobre los temas de las Cortes del Cielo y la interacción con las Esferas del Cielo. Enseña a través de clases semanales, programas de formación, seminarios y conferencias.

Ron es el fundador de LifeSpring International Ministries, que sirve para abogar por los individuos y las empresas en las Cortes del Cielo. También es el fundador de Business Advocate Services, una empresa de consultoría mundial (BASGlobal.net).

Otros libros escritos por el Dr. Ron M. Horner

Construya su negocio desde el Cielo

Construya su negocio desde el Cielo 2.0

Cooperando con la gloria

Cómo trabajar con los ángeles en los ámbitos del Cielo

Cómo interactuar con el Cielo para obtener revelación – Volumen 1

Cómo proceder en la corte de propiedades y orden

Cómo proceder en las cortes para su ciudad *(Tapa blanda, Guía del líder y libro de trabajo)*

Cómo proceder en la corte de sanidad y en el jardín de sanidad

Cómo proceder en las cortes del cielo

Cómo proceder en el centro de asistencia de las cortes del cielo

Cómo proceder en la corte celestial de misericordia

Las cuatro llaves para anular las acusaciones

Sea libre del mitraísmo

¡Hagamos las cosas bien! Reconsiderando la forma de ver el cuerpo de Cristo

Espíritu humanos deambulantes

Cómo anular los falsos veredictos de la Masonería

Cómo anular los veredictos de las cortes del infierno

Liberando bonos en las cortes del Cielo

Tablas de proceso en las cortes del Cielo

Libere su visión espiritual

www.ingramcontent.com/pod-product-compliance
Lightning Source LLC
Chambersburg PA
CBHW051801040426
42446CB00007B/455